Marcel Bergmann

Trotzdem China

HERDER spektrum
Band 6342

Das Buch

Marcel Bergmann, ZDF-Redakteur in der Hauptredaktion Sport: Über 60 Länder hat er bereist. Dann der schwere Autounfall in Kenia – Querschnittslähmung. Seine Lust zu reisen hat er nie verloren, er war weiter unterwegs. Doch ein großer Traum blieb: die Reise nach China. „Trotzdem China" erzählt, wie der Traum wirklich wurde. Es ist die faszinierende Geschichte seiner Reise im Rollstuhl von Shanghai bis hinauf nach Peking und zur Chinesischen Mauer. Über Begegnungen mit den Menschen, über Möglichkeiten und Unmöglichkeiten in diesem aufstrebenden Land. Und über ein großes inneres Abenteuer: Marcel Bergmann war nicht nur ganz oben auf der Chinesischen Mauer. Er hat mehr als eine unüberwindlich scheinende Mauer überwunden – für sich und für andere.

„Dieses Buch ist außerordentlich, interessant, wichtig, ich glaube auch: in der richtigen Weise wirksam als Erschütterung des Lesenden ...Ein Lebensbuch und eine Autobiographie, eine Fallstudie und vieles andere mehr. Hinzukommt: ich habe es gerne gelesen, es ist ein Kompendium, das der Lesende verschlingen kann."
(Christoph Meckel)

Der Autor

Marcel Bergmann, geb. 1964, Diplom-Übersetzer für Französisch und Englisch, arbeitet als ZDF-Redakteur in der Hauptredaktion Sport.

Marcel Bergmann

Trotzdem China

Im Rollstuhl von Shanghai nach Peking

HERDER

FREIBURG · BASEL · WIEN

Titel der Originalausgabe: Trotzdem China.
Im Rollstuhl von Shanghai nach Peking
© Verlag Herder GmbH, Freiburg im Breisgau 2008
ISBN 978-3-451-29848-6

© Verlag Herder GmbH, Freiburg im Breisgau 2011
Alle Rechte vorbehalten
www.herder.de

Lizenz durch: ZDF Enterprises GmbH
© ZDFE 2008
Alle Rechte vorbehalten

Fotos im Innenteil: © Frank Breidert
China-Karten: ©Thomas Esswein

Umschlagkonzeption: Agentur R·M·E Roland Eschlbeck
Umschlaggestaltung: Verlag Herder
Umschlagmotiv: © Frank Breidert
Foto des Autors: © Frank Breidert

Bild-Layout: Weiß-Freiburg GmbH, Grafik und Buchgestaltung
Satz: Barbara Herrmann, Freiburg
Herstellung: fgb · freiburger graphische betriebe
www.fgb.de

Gedruckt auf umweltfreundlichem, chlorfrei gebleichtem Papier
Printed in Germany

ISBN 978-3-451-06342-8

Für meine Eltern
Margret und Winfried Bergmann
In Liebe und Dankbarkeit

Inhalt

1. Ankunft in Shanghai 11

2. Von Shanghai nach Guilin 61

3. Durch die Provinzen Guanxi und Guizhou 99

4. Weiter nach Xi'an und Richtung Norden nach Pingyao 121

5. Endstation Peking 145

Dank 191

Ich weiß nicht, wie oft ich ihn hatte, diesen Traum. Er kam und ging in unregelmäßigen Abständen und ließ mich jedes Mal beim Aufwachen völlig erschöpft und wehrlos zurück.

Ich fahre auf einer Autobahn, allein im Wagen, auf einer dreispurigen Fernstraße irgendwo in der kenianischen Steppe, vorbei an Elefanten, Zebras, Löwen und Giraffen, die aber Kulisse bleiben, fahre viel zu schnell, Tacho bei 260 km/h, in Richtung der untergehenden Sonne, berauschende Geschwindigkeit, mit der ich dem Augenblick entfliehe.

Und in einem wilden, haltlosen Taumel, der meinen Fuß das Gaspedal ganz durchdrücken lässt, mechanisch und in vollem Bewusstsein der fliehenden Geschwindigkeit, rase ich geradeaus hinein in dieses leuchtende Sonnengold, das wie erhitztes Metall im Horizont verschmilzt, immer weiter geradeaus, rase geradeaus noch in einer langgezogenen Rechtskurve, die ich längst nicht mehr wahrnehme, immer weiter geradeaus, mitten hinein in die untergehende Sonne, in dieses lodernde Flammenmeer, in diese tonlose Explosion aus Licht, die mich mit meinem letzten Schrei ganz in sich aufnimmt.

Noch beim ersten Morgenkaffee in der Küche sehe ich sie vor mir, diese wahnsinnig helle Sonne, die mich fesselt und die mich bewegungslos macht, und jedes Mal dauert es wieder einige Zeit, bis ich den langen Schatten aus Licht aus meinem Alltag verdrängen kann.

1. Ankunft in Shanghai

Frankfurt ist grau und nass, als um 15.30 Uhr der Airbus 343 der *Emirates*-Fluglinie Deutschland Richtung Dubai verlässt, wo er rund sechs Stunden später gegen 23.30 Uhr Ortszeit landen wird.

Die europäische Stewardess, die mich gleich nach dem Einsteigen fast überschwänglich begrüßt, ist auffallend klein und rund und vom Start bis zur Landung immer gut gelaunt.

In regelmäßigen Abständen begleitet ihr freudiges Jungmädchen-Lachen diesen Flug, und es passt zu ihr, dass sie hin und wieder Besteck oder Brot vergisst, falsche Gerichte serviert oder Wein und Bier verwechselt.

Nach zwei Gläsern Shiraz-Rotwein zum umfangreichen Abendessen bin ich müde genug, um meine ungewohnte innere Anspannung zu vergessen.

Ein eigenartiges Licht in Ocker und Hellblau hinter dem kleinen Flugzeugfenster gewinnt meine Aufmerksamkeit, wie im Kunstunterricht leuchtet da ein Farbendurcheinander, das wir früher im Grundkurs bei Herrn Mock ständig interpretieren mussten. Weit oben ist stahlblauer Himmel, darunter Seen aus Metall, mit Linien und Strukturen, aber abstrakt, ohne Ahnung der dazugehörenden Natur, dann die hinter uns im Westen untergehende Sonne, ein gigantischer Scheinwerfer, der mit letzter Kraft den Weg ausleuchtet. Dann, langsam und doch plötzlich ist es Nacht, auch sie metallisch, auch sie abstrakt, minutenlang suche ich vergebens nach Mond und Sternen. Stattdessen finde ich ein starkes Medikament gegen meine auch nach China mitreisenden Phantomschmerzen und schlafe kurz darauf ein.

Als ich drei Stunden später aufwache und auf die Toilette möchte, werde ich von zwei freundlichen Stewards mit einem schmalen Flugzeugrollstuhl abgeholt. Wir halten vor einem kleinen Bord-WC, das aber leider nicht behindertengerecht ist, noch nicht einmal die Türe kann ich hinter mir schließen. Und so wird mein Toilettenaufenthalt dann eine größere Aktion mit verschiedenen Vorhängen und verschiedenen Wachtposten vor diesen Vorhängen. Ich habe Grund zur Eile auf diesem so gar nicht stillen Örtchen und bin froh, als ich kurze Zeit später wieder auf meinem gemütlichen Fensterplatz in Reihe 7 sitze, wo der nächste tiefe Schlaf schon auf mich gewartet hat.

Kurz vor der Landung in den Emiraten werde ich von der kleinen, runden Stewardess mit einem heißen Tuch und einem liebevollen Lächeln geweckt, und eine sonore Männerstimme kündigt auf Arabisch, Englisch und Deutsch den Landeanflug auf Dubai an.

Nach minutenlangem Wolkennebel erkenne ich vor meinem kleinen Fenster plötzlich ein Schiff, seinen schwachen Lichtschatten auf dem Wasser, dann ein weiteres, dann noch eins, von oben wie kleine Lagerfeuer im Meer, dann Land, Land mit Lichtern, Dubai als gigantischer Weihnachtsbaum, wie eine Hochhäuserstadt in einem riesigen Sandkasten, dann schon die Landebahn mit Lichterketten rechts und links, vereinzelte Bäume, die als Scherenschnitte vorbeihuschen, dann die Landung, holprig und hart, das eigenartige laute Geräusch der Bremsen, dann wieder die sonore Männerstimme, „... so lange angeschnallt sitzen bleiben, bis wir die endgültige Parkposition erreicht haben", das ist auch in Dubai nicht anders. Jetzt geht das Licht an, und alle steigen aus, nur ich bleibe sitzen in einem bald leeren Flugzeug, nehme zur Sicherheit noch eine Schmerztablette und warte geduldig auf den Flughafen-Sanitätsdienst, der dann auch relativ schnell zur Stelle ist. Auf dem schmalen Flugzeug-Rollstuhl werde ich von zwei nur Arabisch sprechenden Männern durch den engen Gang zwischen den leeren Sitzreihen aus der Maschine befördert und mit einem speziell für behinderte Fluggäste ausgerüsteten Wagen von unserer Außenposition zum großen Flughafengebäude von Dubai gebracht.

Dieser Airport ist das große Schlüsselloch zwischen Ost und West, zur Zeit lärmt hier 24 Stunden lang eine Großbaustelle, in einem halben Jahr soll der riesige Ausbau fertiggestellt sein, und Geld spielt scheinbar keine Rolle. Die Abflug- und Ankunftshallen sind monumentale Kaufhäuser, zollfreie Horte der durch Kreditkarten unmittelbar verfügbaren Weltkultur, und es gibt alles, was dem Reisenden noch fehlen könnte zum materiellen Vollrausch.

Auf den kunstvollen weichen Flughafenteppichen liegen in ungenierten Posen zahllose Tiefschlafende, und nicht wenige unter ihnen schnarchen bis an meine Ohren.

In einem großen Café-Restaurant gibt es Internet, ich habe Zeit und surfe und finde, was ich suche. Staatszensur. Viele Seiten sind blockiert, so etwa jedes Glücks- oder Wettspiel, und Google und Yahoo sortieren vieles über die USA und schlichtweg alles über Israel aus.

In einem Artikel der englischsprachigen *Gulf News* über den Flughafen von Dubai lerne ich gigantische Zahlen kennen. Der *Dubai International Airport* ist mit 28.7 Millionen Passagieren und 237.258 Flugbewegungen der bedeutendste Flughafen des Nahen Ostens. Zusätzlich zum im Jahre 2000 eröffneten *Sheikh-Rashid-Terminal* werden hier seit 2002 drei weitere Terminals errichtet, womit sich der Flughafen eine Kapazität von 70 Millionen Fluggästen zum Ziel gesetzt hat.

Aber damit noch lange nicht genug. In nur etwa 40 km Entfernung entsteht derzeit ein noch gewaltigeres Gebilde, der dann größte Flughafen der Welt, der *Dubai World Central International Airport*. Er soll den aktuellen Großflughafen aber nicht etwa ersetzen, sondern ergänzen.

„Wahnsinn!" geht es mir auf dem Weg zum Abflug-Gate durch den Kopf, wie schnell doch das Erdöl die großen Wirtschaftskräfte der Welt immer weiter in den Mittleren Osten verlagert.

Beim Boarding für den Anschlussflug nach Shanghai bin ich der erste, der vom Sanitätsdienst in den Flieger gebracht wird. Und gleich danach folgt die irakische Nationalmannschaft, die auf dem Weg zu den *Special Olympics* ist, den Olympischen Spielen der geistig Behinderten, die diesmal in Shanghai ausgetragen werden. Wie schön, dass dieses so schwer zerstörte Land auch wieder mit anderen als nur kriegerischen Schlagzeilen in der Welt sein kann, denke ich, für Momente versöhnt, und werde von einigen der Sportler im Vorbeigehen per Handschlag begrüßt.

Nach dem pünktlichen Start dreht unsere Maschine eine lange Schleife über die weithin blinkenden Lichter von Dubai. Wieder glaube ich, leuchtende Inseln im schwarzen Ozean zu erkennen, sie scheinen tatsächlich zu schwimmen, flackernde Kerzen im Wind. Und dann, als wir höher und höher steigen, das andere Meer, das der Wolken, grau-weiß vor farbloser Nacht, hin und wieder mit Durchsicht in weit entfernte Tiefen, unheimlich, sphärisch, *Raumschiff Enterprise* aus Kindertagen, träumerische Sehnsucht, damals wie heute, nach dem freien Fall ins Universum.

Währenddessen hat der Kapitän offenbar große Lust zu erklären: Startgeschwindigkeit 280 km/h, angestrebte Flughöhe 12.000 Meter, Außentemperatur minus 56° Grad. Das Flugzeug hat 27 Tonnen Sprit getankt und wird 21 davon verbrauchen, pro Passagier und pro 100 Kilometern entspricht das 2,4 Litern.

So so, denke ich, bin aber viel zu müde für weitere große Zahlen und schlafe bald ein.

Irgendwann auf diesem Acht-Stunden-Flug ist dann auch wieder Zeit für den komplizierten Ausflug auf die Bordtoilette. Es wird erneut die vertraute Zirkusnummer mit dem schmalen Flugzeugrollstuhl, mit mehreren aufrichtig bemühten Flugbegleitern und mit verschiedenen Vorhängen vor der behindertenfeindlichen Toilette. Alle Akteure geben sich so locker wie möglich, ich frage auch diesmal nicht, wie zum Teufel andere Rollstuhlfahrer das in dieser Maschine denn so machen, und nach wenigen Bordtheater-Minuten bin ich wieder auf meinem gemütlichen Sitz 5a und nehme entspannt den kürzesten Weg zurück in den Halbschlaf.

Pünktlich zum Frühstück haben drei gesellige Kollegen, die gleich hinter mir sitzen und allem Anschein nach aus Hessen stammen, ihre Reisemüdigkeit abgelegt. Nach einer ziemlich fachkundigen Diskussion über die gerade bei Standardsituationen oft überforderte Abwehr der *Frankfurter Eintracht*, bestellen sie erst mal „Biääh" statt Kaffee, und der Lauteste von ihnen hat gelernt, die Dinge genau beim Namen zu nennen: „Gegen den Himalaya ist unser Taunus doch nur'n kleiner Scheißhaufen!"

Da hast du Recht, mein Liebääh, denke ich leise vor mich hin und untersuche zur Ablenkung noch mal meine umfangreiche Reiseapotheke auf Vollständigkeit. Verschiedene Schmerzmittel, Medikamente für die Schlaffheit der Blase und zur Behandlung von Harnwegsinfekten, Tabletten gegen Durchfall und gegen Verstopfung, immer noch ist alles da, meine Grundausrüstung für jedes längere Fortsein von zu Hause.

Am *Emirates*-Schalter in Frankfurt habe ich noch ein zusätzliches Gepäckstück aufgeben müssen, eine größere Kiste mit 160 Kathetern in acht festen Kartons à 20 Stück, dazu noch eine Packung 100 Einmal-Handschuhe, jede Menge Zusatzgepäck also, ohne das ich aber gerade in fremden Ländern vollkommen hilflos wäre.

Einer meiner zahlreichen schon in der Vorbereitung zerlesenen China-Reiseführer lässt die verbleibende Zeit schnell vergehen. Vergeblich versuche ich, meine Gedanken und Gefühle der Fluggeschwindigkeit anzupassen, und bin, als wir kurz vor 16 Uhr Ortszeit in Shanghai landen, noch lange nicht im Fernen Osten angekommen.

Ham, mein chinesischer Freund aus Malaysia, der sich wegen seiner großen literarischen Bildung schon kurz nach unserem Kennenlernen mit dem Spitznamen Hamlet anfreunden musste, wartet bereits am Ausgang und winkt mir kurz zu, als er mich am Gepäckband entdeckt, mit einem lautlosen Lachen, das er hinter seiner Brille versteckt, so wie ich ihn kenne, meinen guten Freund, seit mehr als 16 Jahren.

Ich weiß sehr zu schätzen, dass er diese Reise in den kommenden drei Wochen mitmachen wird, denn es ist ihm sicher nicht leichtgefallen, seine im siebten Monat schwangere Frau und seinen kleinen vierjährigen Sohn in Kuala Lumpur zurückzulassen.

Ohne ihn, so viel ist sicher, wäre dieses Abenteuer für mich nicht möglich, denn sowohl aufgrund meiner schweren Behinderung, als auch wegen der in China meist unüberwindbaren Sprachbarriere werde ich sehr oft auf seine Hilfe angewiesen sein.

„Diese Reise", erklärt er mir strahlend nach der ersten Umarmung, „diese Reise soll für uns wie eine echte *Sensationssymphonie aus der neuen Welt* werden, nicht wahr?!"

Das muss eine neue von Hamlets phantasievollen Wortneuschöpfungen sein, *Sensationssymphonie aus der neuen Welt*. Ich weiß, dass die Neunte von Dvořák schon seit jeher zu seinen liebsten Musikwerken zählt, so dass ich seine neue Wortkombination gleich richtig einordnen kann, und ich ahne schon, dass sie nun eine Zeit lang zu seinem aktiven Wortschatz gehören wird.

Gefrierpunktgefühle und *Promilleprotzer*, *Streithammeldiskussionen* und *Land-unter-Lächeln* sind nur einige Beispiele aus Hams artistischer Wortakrobatik, die mich um so mehr beeindruckt, als er sie in einer Sprache betreibt, die nicht seine eigene ist.

Und jetzt also *Sensationssymphonie aus der neuen Welt*, mein lieber Hamlet, ich bin einverstanden.

Ham und ich haben uns im Sommer 1991 kennengelernt. Ich hatte damals das Glück, nach Ende meines Studiums ein zweimonatiges Praktikum am Goethe-Institut in Kuala Lumpur zu absolvieren, und Ham war einer der Schüler in einem Deutschkurs für Fortgeschrittene.

Schon nach unserer ersten Unterhaltung bot er mir an, die teuren Hotelkosten zu sparen und stattdessen bei ihm zu Hause Quartier zu beziehen.

Ein wenig verunsichert von so viel Entgegenkommen zögerte ich zunächst, sagte am folgenden Tag dann aber gerne zu und durfte in den darauffolgenden Wochen den ohne Zweifel reichsten Menschen kennenlernen, der mir je begegnet ist, reich an Bildung, reich an technischem Verständnis, an sprachlicher Ausdrucksfähigkeit, reich an hintergründigem Humor und an religiöser Tiefe.

Als Ham im deutschen November zum ersten Mal Schnee vom Himmel fallen sieht, erklärt er mir euphorisch, das sei „als wenn die Engel da oben mit den Wolken eine große Kissenschlacht machen."

„Ham Mow Wai" ist sein vollständiger Name, und da im Chinesischen immer zuerst der Nachname genannt wird, lautet sein Vor- und damit auch sein Rufname eigentlich „Mow Wai". Weil der aber für Europäer offenbar nur schwer zu merken und auszusprechen ist, hat sich Ham damals im Deutschkurs am Goethe-Institut für seinen Nachnamen als Rufnamen entschieden. Ich habe ihn also gleich als „Ham" kennengelernt, so dass er nun von seinen Freunden in Deutschland nicht „Mow Wai", sondern „Ham" oder „Hamlet" gerufen wird.

Das, was man unter einem Sportler versteht, ist er wohl nicht. Keine Ballsportart, keine asiatische Kampfkunst, keine Leichtathletikdisziplin und keine Schwimmtechnik können ihn reizen. Er bleibt lieber zu Hause und liest und hört Musik. Selbst unsere in China geplante dreitägige Tour mit Handbike und Fahrrad hat bei ihm in der Vorbereitung schon für schlaflose Stunden gesorgt.

Sein verstorbener Vater stammt aus Haikou, der Hauptstadt der zweitgrößten und südlichsten chinesischen Insel Hainan, und war Seefahrer im Südchinesischen Meer, unterwegs zwischen Hongkong, den Philippinen, Indonesien und Malaysia. Er lebte bald schon getrennt von seiner Frau und den beiden Kindern, irgendwo in einer Vorstadt von Kuala Lumpur, und er ist auch heute noch ein ungelöstes Problem für Ham, der Vater, der eigentlich keiner war, der wenig, und wenn, dann meist im Befehlston mit seinem Sohn redete, und dessen Liebe ihm versagt blieb.

Seine Mutter wächst als Vollwaise irgendwo im malaysischen Bundesstaat Selangor auf. Ihre Kindheit erlebt sie unter ständigen Schlägen, die sie später in unkontrollierten Momenten an ihren Sohn weitergibt. Sie ist Analphabetin, spricht kein Englisch, arbeitet für 450 Ringgit im Monat (umgerechnet ca. 140 Euro) als Hilfsschwester in einem Krankenhaus. Sie lebt ihr Leben zwischen Wohnung und Arbeitsstätte und findet Halt in der buddhistischen Religionsgemeinschaft *Soka Gakkai International*. Sie selbst nennt ihren Glauben „Ikeda-Buddhismus" nach dem Namen des Präsidenten dieser Vereinigung Daisaku Ikeda.

Die eigene Kindheit erlebt Hamlet heute als persönlichen Makel. Schon als Siebenjähriger läuft der stille, hochintelligente Junge wiederholt von Zuhause weg. In der Schule schreibt er jahrelang die besten Noten, wird aber von seinen Klassenkameraden gemieden, keiner will mit ihm spielen, auf dem Schulhof sitzt er abseits, meist allein oder in Gesellschaft eines Jungen, der als geistig behindert gilt.

Später, in der *Secondary School*, hat er die ersten Kameradschaften, aber sobald die Schule vorbei ist, fährt er umgehend nach Hause. Einzig eine einfühlsame Lehrerin, die Ham mit der Zeit lieb gewinnt, kann den engen Rahmen von Fluchtversuchen vor den anderen und vor sich selbst manchmal sprengen.

Als er 16 Jahre alt ist, überzeugt ihn seine Mutter von ihrer Religion, und er findet einen ersten Anker, einen Halt in seiner Flucht. Kopfüber stürzt er sich hinein, besucht regelmäßig eine Glaubensgemeinde in einem Außenbezirk von Kuala Lumpur und erlebt dort Augenblicke eines seltenen Glücks.
 Einmal sieht er Daisaku Ikeda auf einem Besuch in Kuala Lumpur, ein Erlebnis, das ihn ein Leben lang prägen wird.

Da ich immer im Zimmer bleiben darf, wenn Ham nach dem Aufwachen und vor dem Einschlafen sein Gebet spricht, werde ich tagtäglich Zeuge seiner ungemein tiefen Religiosität: wie er vor der kleinen Buddha-Figur kniet, das heilige Buch in beiden Händen (ich muss an die Figur des lesenden Schülers aus *Sansibar* von Alfred Andersch denken) und mit gleichförmiger Stimme gutturale Laute aneinanderreiht, für mich ist das ein lebendiges Bild der völligen Hingabe, der Kontemplation in einer anderen Welt.

Wenn er sich etwas in den Kopf gesetzt hat, kann Ham bisweilen sehr hartnäckig sein. Verbissen jedoch ist er nie.
 Auch wenn wir mal verschiedener Meinung sind, hat es mit Ham eigentlich nie einen ernsteren Streit gegeben. Und was mindestens genauso wertvoll ist: noch nicht einmal die kleinen Wettkampf-Rechthabereien, vor denen auch und gerade engere Freundschaften nie ganz sicher sein können.

Seine Welt: Klassische abendländische Musik, unter anderem Mahler, Beethoven, Rachmaninov, Tschaikowsky, dazu auch viel

Literatur, Goethe und Schiller, Heine und Hesse, Rückert, Shakespeare und Stefan Zweig, auch Lyrik, auch Geschichte und alles Naturwissenschaftliche, vor allem Mathematik, sofern sie zur konkreten Anwendung führt. Dazu kommt noch sein außergewöhnliches Sprachtalent und ein Grad an Bildung, den ich bei einem so jungen Menschen noch nie kennengelernt habe. Zum Teil ist das alles wohl auch das Ergebnis einer langen Einsamkeit, die er auf diese Weise von Innen bekämpft hat.

In seinem kleinen Zimmer in Kuala Lumpur hat Ham mir damals viele Goethe- und Hesse-Gedichte nahegebracht, aber Rilke, den ich damals sehr liebte, war nichts für ihn. Diese ganz besondere Sprache erreichte ihn nur selten, war oft zu schwer verständlich für den Fremdsprachler, und nur mit dem „Panther" konnte ich ihn wenigstens ein bisschen milder stimmen.

Politisch ist er als regelmäßiger Leser malaysischer Tageszeitungen sehr gebildet, mit argumentativ vorgebrachten Standpunkten in der Diskussion, jedoch ohne ideologische Verblendung.

Sein Verhältnis zur Musik: Er hat eine unmittelbare Nähe zu den Komponisten, Dirigenten und Orchestern gefunden, eine Nähe, die für mich unerreichbar ist, das spüre ich schon bei unseren ersten nächtlichen Gesprächen in seinem kargen Zimmer.
Er durchlebt z. B. die Fünfte Symphonie von Gustav Mahler mit all ihren Höhen und Tiefen, hat die Sekundärliteratur zur Entstehungsgeschichte gelesen, kennt Mahlers Biographie bis ins Detail, und im Laufe meines sechswöchigen Praktikums am Goethe-Institut lerne ich durch seine Erklärungen die verschiedenen Interpretationen dieser Symphonie durch Leonard Bernstein, Bruno Walter und Claudio Abbado kennen.

Trotz seiner Liebe zu dieser ungemein emotionalen Musik ist Ham eigentlich kein romantischer Typ, kein Schwelger.

Was ich immer besonders geschätzt habe: Ham hat mir seine zum Teil komplizierten Ideen stets in einem ruhigen Ton erklärt, durchaus engagiert zwar, aber mit nüchterner Intelligenz, ohne aufdringliches Sendungsbewusstsein, ohne diese missionarische Eindringlichkeitsgestik, die auf Teufel-komm-raus überzeugen will. Ham hat dargelegt, auf Fragen geantwortet, sich über mein Interesse an seinem Leben und die damit verbundene Gelegenheit gefreut, von echten Herzensdingen zu sprechen. Und ich war ihm dankbar dafür, dankbar für ein angenehmes Mitteilen, das stets frei blieb von argumentativer Rechthaberei oder verpflichtender Dogmatik.

Bei Ham ist es mir immer leicht gefallen, ein andächtiger Zuhörer zu sein, und ich weiß heute, dass ich von ihm ungeheuer viel für mein weiteres Leben gelernt habe.

Dass aus dem stillen, oft einsamen Jungen später einmal ein so offener, humorvoller Erwachsener werden würde, verdankt Hamlet ganz sicher auch seiner intensiven „Europäisierung", die er über Jahre hinweg in zahlreichen mehrwöchigen Urlauben suchte und fand. Und so ist er heute für mich auf dieser Reise der ideale Begleiter, denn wer könnte besser die Brücke schlagen vom europäischen Touristen zum großen Reich der Mitte, wenn nicht diese kommunikative Promenadenmischung aus östlicher und westlicher Kultur?!

Sun, unser für die kommenden Tage in Shanghai engagierter Fahrer, wartet am Ausgang der Ankunftshalle mit einem Din-A3-Papier, auf dem in lateinischen Schriftzeichen „Hello Mister Bergmann" geschrieben steht.

„Hello Mister Sun", sage ich freundlich, und nachdem unser Gepäck in seinem Kleinbus verstaut ist, und Ham mir auf den Beifahrersitz geholfen hat, schlängelt sich Sun geduldig und gekonnt durch den alltäglichen Nachmittagsstau von Shanghai zum *Salvo Hotel* im Zentrum der Stadt.

Es ist rund ein Jahr her, dass ich Ham das letzte Mal gesehen habe. Er hatte beruflich in Europa zu tun, und glücklicherweise zählte auch Frankfurt zu seinen Stationen.

„Wie geht es deiner lieben Familie, Hamlet?", frage ich ihn, als wir an einer größeren Kreuzung im dichten Stau stehen, und schon bevor er den Mund aufmacht, sehe ich seinen Augen an, dass er die Antwort auf meine Frage längst in seiner großen Sprüchesammlung gefunden hat.

„Seit ich verheiratet bin, Meister", erklärt er mit großer Ernsthaftigkeit, „ist mir klar geworden, dass die Ehe ein Versuch ist, zu Zweit mit den Problemen fertig zu werden, die man alleine nie gehabt hätte."

Ich kann ein Lachen nicht unterdrücken und werde an meine Studienzeiten erinnert, als wir mit solchen launigen Sprüchen ständig wild um uns geworfen haben.

„Und es stimmt übrigens nicht, dass Ehemänner länger leben als Junggesellen", fügt er hinzu, „es kommt ihnen nur länger vor."

Ich weiß, wie glücklich Ham in seiner Ehe und in seinem Familienleben ist, und er kann sich diese Zoten leisten, weil er weiß, dass ich es weiß.

Nach gut anderthalb Stunden, die wir für die dreißig Kilometer vom Flughafen ins Stadtzentrum gebraucht haben, kann Sun direkt vor dem *Salvo Hotel* halten, und zwei Portiers helfen uns mit schnellen Händen beim Ausladen unseres umfangreichen Gepäcks.

Unser Zimmer im 23. Stock ist groß und schön, mit einem tollen Panoramablick über den Huangpu-Fluss auf die andere, hochmoderne Seite der Stadt nach Pudong, aber das enge Badezimmer ist für einen Rollstuhlfahrer leider kaum geeignet. Waschbecken, vor allem aber Toilette und Dusche kann ich nur mit ziemlich waghalsigen Manövern erreichen, und erst dank Hams telefonischer Reklamation sichert man uns zumindest vom folgenden Tag an ein behindertengerechteres Hotelzimmer zu.

Während wir die wichtigsten Sachen auspacken, läuft in einem der vielen chinesischen Fernsehsender irgendeine Unterhaltungsshow, die ziemlich bunt ist und deren tieferer Sinn mir nicht nur der Sprache wegen verborgen bleibt.

Noch bevor er seine erste Tasche durchsucht hat, erklärt Ham die zunehmend laute und verwirrende Show auf meine Nachfrage hin zu großem *Klabauterkram* und zappt weiter zu den Abendnachrichten von TV-Shanghai.

Klabauterkram?! Ich muss schmunzeln und weiß zu schätzen, von Hamlet einmal mehr Neues aus meiner eigenen Muttersprache zu lernen.

Nach einer einstündigen Siesta entscheiden wir uns für ein spätes Abendessen in einem nahegelegenen chinesischen Restaurant. Eine Rolltreppe hilft mir in den tiefen Keller, und Ham bestellt eilig eine kleine Auswahl von Speisen, da die Küche bald zu schließen droht. Es gibt verschiedene Gerichte im Minutentakt, Kuhmagen und Schweinsfüße darf Hamlet alleine essen, dazu für jeden eine große Schale Reis und zum Abschluss dann noch in unserer Hotelbar für Hamlet einen Orangensaft und einen Digestif für mich.

Vor den riesigen Panoramafenstern, die mit ihrer Spiegelung die Zahl der Kronleuchter im Raum verdoppeln, lassen wir die ersten chinesischen Eindrücke auf uns wirken. Auch für Ham ist es eine Premiere, denn noch nie zuvor hat er das Herkunftsland seines Vaters aus der Nähe kennengelernt. Dessen ungeachtet ist sein historisches und politisches Wissen über China enorm, da er auch als Staatsbürger Malaysias seit jeher eine chinesische Heimat in sich trägt.

Ich nippe am Cognac, der im besten Fall ein Brandy ist, und versuche, trotz der plötzlich wieder stärker werdenden Phantomschmerzen, den nächtlichen Panoramablick hinüber auf die andere Flussseite nach Pudong zu genießen, wo die monumentalen Wolkenkratzer mit ihren zahllosen bunten Lichterketten hartnäckig um die Wette leuchten.

Während Ham, vom Jetlag verschont, mit der ganz normalen Mitternachtsmüdigkeit in unser Zimmer verschwindet, setze ich mich noch für ein paar wache Momente an den großen Hotelpool.

Unter einem hellen Sternenhimmel spazieren meine Gedanken rückwärts durch mein Leben, und ich sehe vertraute Gesichter, die für immer zu mir gehören. Sylvie am Strand von Saint Jean de Monts, Elmar mit dem Fahrrad auf Gut Santfurt, Irene neben mir im Französisch-Unterricht, Beate im Hafen von Marseille, Martina auf dem Passagierschiff am Bodensee, mein Vater mit der Tageszeitung im Gartensessel, Cucky in Lüneburg, die meiner alten zerbrechlichen Mutter liebevoll die Haare fönt und schneidet, Annette auf der Brücke in Amsterdam, Öne im *Canossa* in Saarbrücken, Maggi und Andrea auf der Plaza Mayor in Salamanca, Karin am Strand von Porto Vecchio, Klaus und Uli am Inari-See, Adriana am Fuße des Cotopaxi ...

Unvermittelt befällt mich das traurige Gefühl, dass das alles viel weiter weg ist als früher in diesen nostalgischen Momenten, wenn ich irgendwo unter dem nächtlichen Himmel saß, den Blick nach oben gerichtet ins Alles-oder-Nichts. Heute sind die Sterne ganz einfach weiter weg, sind weniger greifbar als sie es damals noch waren, und weiter weg sind auch die Gefühle und Gedanken, genauer: die Anlässe zu diesen Gefühlen und Gedanken, die früher einmal so unmittelbar waren, so restlos und nah, dass sie mich hinauftrugen mitten unter die Sterne, oder aber die Sterne mit all ihrer Unendlichkeit herunterholten zu mir, für Momente.

Ich schlafe bis zur Dämmerung und sehe gegen 6 Uhr mit müdem Jetlag-Blick, wie Shanghai vor meinem großen Hotelfenster langsam aufwacht und in Bewegung kommt.

Ganz allmählich steigt der Morgen herauf, dieser sich ständig wiederholende Morgen, der ein wenig spielt, um das Gesicht der Stadt zu verändern.

Wie in einem Glas Milch zeigt sich die Sonne und schleppt sich fahl und matt hinauf auf den Himmel, wo sie vermutlich auch den Rest des Tages ohne echte Konturen verbringen wird. An diesem Morgen jedenfalls bleibt es immer das gleiche trübe Licht, das sie fast gelangweilt sendet, und so sind es Morgenstunden ohne Gold, ohne Farben und Stimmungen, die ich bei der Premiere in Shanghai erlebe. Denn auch mir geht es nach dem schwerfälligen Aufwachen ähnlich. Heftige Phantomschmerzen bestimmen diesen Morgen, und auch meine Farben und Stimmungen werden von den starken Schmerzmedikamenten für den Rest des Tages getrübt.

Um 8.30 Uhr dürfen Ham und ich ein europäisch-chinesisches Hotelfrühstück kennenlernen, das jedem Morgenhunger mit seiner kulinarischen Vielfalt ein schnelles Ende bereitet. Westliche Marmelade, Toast und Spiegelei, aber auch Reis oder Reisnudeln, Rindfleisch in Curry-Sauce, verschiedene Chop-Suey-Gerichte und sogar Baos, chinesische Dampfknödel, gefüllt mit Fleisch und allerlei Gemüse, dazu Kaffee oder Tee, alles in allem ein fairer erster Kompromiss.

Am Nebentisch fallen mir zwei kräftige Österreicher auf, die sich schon seit geraumer Zeit relativ laut über die verschiedenen Zylinderkopfdichtungen japanischer und europäischer Autos unterhalten.

„Schon beeindruckend", sage ich leise zu Hamlet, „wie lange Männer manchmal über ein und dasselbe Thema reden können."

Mein chinesischer Freund lächelt. „Und Frauen", flüstert er zurück, „Frauen brauchen dazu gar kein Thema."

Gleich nach dem Frühstück machen wir uns auf den Weg zum *Bund*, der berühmten großen Uferpromenade am breiten Huangpu-Fluss, ein erster Spaziergang mit Schwierigkeiten, denn es gibt unter anderem an der Straßenunterführung keine Aufzüge oder Rolltreppen. Bei zwei ärmlich gekleideten Verkäufern, die uns auf Hams Bitte hin freundlich zunicken, finden wir schnelle Hilfe. Sie packen sofort mit an, und so werde ich von drei liebevoll-unkoordinierten Chinesen im Rollstuhl aus der Unterführung die steile Steintreppe hinaufgetragen.

Als wir oben erst mal ausharren und unsere neugierigen Blicke über das weite Wasser schweifen lassen, ist der rund 1,5 Kilometer lange *Bund* noch nicht als eine der wohl bekanntesten Uferpromenaden dieser Welt in meinem Bewusstsein angekommen.

Ein Bild von vielen, das sich mir tief einprägt: Der alte Chinese, der im Abfall an einer Mauer hockt, in seinen Lumpen gleichsam ein Teil der schmutzigen Umgebung, und wenige Meter entfernt ein junger Tourist, ein Blondschopf in Markenjeans und Rollkragenpullover, der mit seiner japanischen Videokamera alles einfängt, was ihm vor die teure Linse kommt.

Langsam geht er auf den Bettler zu, die Kamera wie ein Schutzschild vor dem unkenntlichen Gesicht, um auf Film festzuhalten, was er gesehen hat – gesehen, aber nicht erlebt.

Kamera läuft!, und an einem gemütlichen Samstagabend wird er Freunden und Familie Zuhause vorführen können: Nahaufnahme.

Das zerfurchte Gesicht des Greises, seine von zahllosen Rissen und Löchern verschlissene Kleidung, seine offene ausgestreckte Hand, die dem Teleobjektiv das greifbare Elend entgegenhält.

Hingehockt vor das echt chinesische Erlebnis noch ein

schnelles Scharfstellen für die letzte Standaufnahme, dann Schnitt! – und erleichtertes Abwenden: Die Szene ist im Kasten.

Zurück bleibt der alte Chinese mit der offenen Hand, die vergeblich um ein Almosen bittet.

Nach einem längeren barrierefreien Spaziergang vorbei an den altherrschaftlichen kolonialen Prachtbauten des endenden 19. Jahrhunderts, haben wir beide Lust auf eine längere Flussfahrt mit einem der zahlreichen Touristenschiffe. Die Tickets gibt's an einem bunten Verkaufsstand, das Schiff aber liegt im rund einen Kilometer entfernten Hafen.

Ein Bus bringt uns hin, ich werde von mehreren fremden Menschen ziemlich unorganisiert aus dem Rollstuhl gehoben und irgendwie, learning by doing, ein- und ausgeladen.

Am Hafen schaut eine größere Gruppe von Chinesen dem kostenlosen Schauspiel wie gebannt zu, Langnase und Rollstuhl sind fraglos eine ziemlich seltene Kombination.

Auch auf das Schiff geht's dann nur mit gewagten Trage- und Hebemanövern, die Mannschaft hilft und stolpert mit, schließlich bin ich tatsächlich oben auf dem Außendeck, bekomme einen besonders schlechten Kaffee („China ist nun mal ein Tee- und kein Kaffee-Land!", erklärt Ham) und bestaune andächtig Shanghais städtebaulichen Gigantismus.

Ich sehe und verstehe: Pudong ist der Stolz des 21. Jahrhunderts, ein Meister-Propper-Freilichtmuseum, ein architektonischer Zoo für Touristen.

Ungezählte Wolkenkratzer posieren nun auch bei Tageslicht im Höhenwettstreit, riesige Ausrufezeichen aus Stahl, Beton und Glas.

Wie phallische Symbole einer architektonischen Selbstbefriedigung wirken diese hypermodernen Hochhausbauten auf mich, und der Mensch wird hier noch kleiner als er ohnehin schon ist.

Wo, frage ich mich irgendwann, wo ist hier eigentlich noch

der menschliche Maßstab, wo ist so etwas wie Wohnatmosphäre, wo Gemütlichkeit, wo treffen sich Nachbarn und Haustiere zwischen Verkehr, Asphalt, Stahl und Beton?

Ich spüre die Kälte einer nach Rekorden gierenden Moderne, die Starre eines Fortschritts, der keiner ist, jedenfalls nicht für das unspektakuläre alltägliche kleine Menschendasein. Shanghai ist für mich im ersten Eindruck ein enormes Missverständnis und hat mit seinen selbstverliebten Monumenten dem einfachen Leben an vielen Orten die Luft und das Licht genommen.

Wo aber kann ich das ursprüngliche, das alte, das echte Shanghai finden? Existiert es überhaupt noch? Oder fehlt mir ganz einfach die nötige Sensibilität, dieses erhoffte Shanghai alleine zu entdecken?

Als wir nach einer schnell vergangenen Stunde wieder zurück im Hafen auf unserer ursprünglichen Flussseite angekommen sind, werde ich erneut mit großem Aufwand und mit vielhändiger Hilfe von Bord gehoben.

Schneller als jedes Auto spazieren wir quer durch den lebhaften Nachmittagsverkehr zum Yu Garten am Rande der alten Chinesenstadt. Auch hier wirkt vieles wieder wie eine teure Filmkulisse, doch diesmal ist es hell und malerisch. Zahlreiche kleine Geschäfte mit dem üblichen bunten Andenken-Schnickschnack für Touristen prägen das Bild. Da gibt es Buddha-Figuren und silberne Ringe, hölzernes Kinderspielzeug und alte Bücher, viele Uhren, bunte Tücher und Halsketten. Und überall ist auch Mao Zedong präsent, der in China offenbar vollkommen rehabilitierte Staatsgründer und Kulturrevolutionär, in Porzellan, in Holz und Bronze und auf zahllosen Fotos. Ham findet das alles großen *Klabauterkram*, wird aber von zwei winterweißen Engländerinnen abgelenkt, die ihn mit auffallend vielen Worten und Gesten nach der nächsten Bushaltestelle fragen.

Zu Beginn der Dämmerung erwartet uns auf einem kleinen See am Rande der alten Chinesenstadt ein großes malerisches Teehaus. Die beiden Kellner finden sofort Gefallen an meinem Rollstuhl, er muss mit Händen und Füßen untersucht werden, ich zeige ein paar Drehungen auf zwei Rädern, und Ham fragt mich vergnügt, ob er vielleicht mit einem Hut rundum Geld einsammeln soll.

Dann bestellt er getrocknete Pflaumen und Jasmin-Tee, und ich sehe ihm an, dass er inzwischen in Shanghai angekommen ist.

Am Abend haben wir uns die Nanjing Donglu zum Ziel gesetzt, eine weiträumige und betriebsame Fußgängerzone im Stadtzentrum. Irgendwo macht ein Feuerwerk Licht und Krach, vermutlich Nachwehen des chinesischen Mondfestes vor wenigen Tagen, und auch die bunten Leuchtreklamen der noch spät geöffneten Geschäfte scheinen hell ins Dunkel und verscheuchen die Nacht.

Da Hamlet noch in verschiedenen Fotogeschäften die günstigen chinesischen Preise für Kameras und Objektive ausfindig machen will, trennen wir uns für eine Stunde mit neugierigen Augen.

Ich stelle mich an den Rand eines größeren Platzes, um das abendliche Leben im Zentrum von Shanghai zu beobachten, und nicht zum ersten Mal merke ich, wie schwer es mir fällt, einfach nur zu beschreiben, was ist.

So vieles erscheint neu, so vieles ganz anders, wogegen mein Wortschatz, wenn ich darüber nachdenke und schreibe, doch immer derselbe bleibt.

Ständig wechselt Shanghai sein Gesicht, ziehen Menschen voller chinesischer Fremdheit an mir vorbei, aber mein Vokabular, das vertraute, ändert sich nicht und hält mich gefangen hinter seinem Gitter, durch das allein ich die Welt zu sehen vermag.

So sitze ich lange Zeit einfach da, kaue Pistazien aus einer kleinen Papiertüte und versuche, meinen Gedanken eine eigene Freiheit zu geben, sie ziehen zu lassen, tastend und vorsichtig wie ein Kind in einer fremden Umgebung, auf der Suche nach neuen Klängen, nach neuen Worten, letztlich nach einer neuen Sprache. Vergebens, jedes Mal.

Am Ende rette ich mich dann immer wieder mit feigen Vergleichen. Tradition und Moderne wie in Kuala Lumpur, eine Wolkenkratzerkulisse, die an Chicago erinnert, große Plätze, Denkmäler und Wäscheleinen wie in Italien, Discos, Bars und Restaurants wie überall auf der Welt.

Mehr, so scheint es, mehr ist mir nicht möglich. Es bleibt stets bei der Einordnung durch Vergleich mit Bekanntem.

Als ich zur Eingangstüre eines kleinen chinesischen Restaurants aufschaue, steht dort ein kleiner Junge, in einer hellen Stoffhose und einem gebügelten blauen Hemdchen, der mich regungslos und ohne irgendeine auffällige Erwartung beobachtet. Steht da und schaut mich einfach an mit einem offenen Kinderblick, der dennoch stumm bleibt, eine Minute, vielleicht auch zwei, ich weiß es nicht, bis ein älterer Mann aus der Küche ihn am Arm nimmt und wortlos aus dem kleinen Restaurant über den Platz wegführt.

Ich schaue den beiden lange nach, und noch einmal geht mir durch den Kopf, was ich so gerne können würde. Einfach nur beschreiben, was ist.

Ham hat in der Fußgängerzone zwar keine günstigen chinesischen Preise für Fotoausrüstungen gefunden, dafür aber großen Hunger mitgebracht, den wir in einem kleinen italienischen Restaurant mit Pizza und Pasta stillen. Beim Essen erzählt er mir von einem blinden Chinesen aus seiner Nachbarschaft, der längere Zeit in Deutschland gelebt hat und der ein Bild mit Kirschblüten aus einer Galerie in Heidelberg haben möchte.

Ich spüre, wie mich diese Geschichte berührt, und verspreche, bei der Suche nach dem Bild zu helfen, nach einem Kirschblütenbild für einen blinden Chinesen aus Malaysia.

Mit einem Glas Wasser für Ham und einem Glas Rotwein für mich geht der gemeinsame Tag zu Ende. Ham hat plötzlich, und ich lerne wieder Neues aus meiner Muttersprache, *heillosen Herzmuskelkater*, weil er seine Frau und seinen kleinen Sohn so sehr vermisst, und da das nun dringend notwendige Handy-Gespräch hinüber ins zeitgleiche Kuala Lumpur etwas länger dauern dürfte, wünsche ich ihm eine schnelle Genesung und rolle alleine zurück zum Hotel.

An einer kleineren Straßenkreuzung fragt mich ein Zwielicht hinter nächtlicher Sonnenbrille: „Hey man, want sex and love?", eine gewagte Kombination, wie ich finde, und auch „Massage for whole body" inklusive „Happy ending" kann im boomenden Shanghai vorerst keine neuen Arbeitsplätze schaffen.

Ein kurzer Gruß unter Männern, dann ist die Fußgängerampel grün, noch genau 15 Sekunden, wie die herunterzählende Leuchtschrift zeigt, und unter bauschigen Zugvogelwolken, die den Himmel durcheilen, rolle ich weiter zu unserem schon von weitem blinkenden großen Hotel.

Ich hatte in meinen Reiseunterlagen gelesen, dass mit der Staatsgründung der Volksrepublik China durch Mao Zedong vor bald 58 Jahren die Prostitution im Land verboten war und streng bestraft wurde. Doch seit den 80er Jahren hat sie sich dann in den unterschiedlichsten Gesellschaftsschichten wieder fest etabliert und ist inzwischen sogar zu einem nicht unwichtigen Industriezweig geworden.

Dem großen weichen Hotelbett kann ich gleich ansehen, dass es schon lange auf mich gewartet hat. Vor dem schnellen Einschlafen muss ich noch mal an den kurzen Dialog an der Verkehrsampel denken, und ich gebe gerne zu, dass es ein richtig gutes Gefühl ist, von so einem Bilderbuch-Typen aus der Zuhälterszene mit „sex and love" auch im Rollstuhl als ganz normaler Kunde behandelt zu werden.

„Trotzdem China", sagte Irene, „trotz deiner Behinderung und trotz aller Einschränkungen. Du kannst diese Reise machen, Marcel, wenn du wirklich willst." Sagte Irene. Am Telefon. Und ich hörte zu. In Krankenzimmer 5.

Mehr als die Hälfte des Jahres musste ich wegen verschiedener Operationen in der Klinik liegen. Und wie ein rettender Anker senkte sich die Idee, im Rollstuhl durch China zu reisen, tief in mein getrübtes Bewusstsein. China. Das fremde große Reich der Mitte. Die boomende hochmoderne Wirtschaftsmacht, die gleichzeitig in weiten unerschlossenen Teilen immer noch deutliche Züge des Mittelalters trägt. China. Da wollte ich hin, wenn ich hier jemals wieder rauskommen sollte. Raus aus Krankenzimmer 5. Und zurück ins Leben, das irgendwo da draußen stattfand.

Wochenlang hatten mein Elan und meine Energie neben mir im Krankenbett gelegen. Und fest geschlafen. Tief und fest. Eigentlich schon, seit ich hier stationär aufgenommen worden war, seit Montag, dem sechsten Februar, hier in der großen hochmodernen Klinik, Station J1, Zimmer 5, in einem Viereck frei von Charme und Atmosphäre, darin Schränke voller medizinischer Hilfsmittel und Medikamente, ein Waschbecken mit Seife rechts und Desinfektionsmittel links, ein fahrbarer Nachttisch mit eingebautem Esstablett, dazu zwei Fenster hinter schlohweißen Vorhängen. Und mittendrin mein Krankenbett, die Schaltzentrale mit Fernbedienung und Internet, mein modernes Krankenbett aus dem neuen Jahrtausend, in dem ich nun schon viel zu lange hauste.

Von wegen Herbst. Meteorologie hin oder her, draußen vor der Klinik war inzwischen längst schon wieder Winter, schneeweiß und bitterkalt, das konnte ich sehen an den bewaldeten Berghängen jenseits des Flusses. Mit einem Panoramablick durch täglich gereinigte Fensterscheiben erkannte ich Schnee auf den kargen Laubbäumen ohne Laub, und darüber den Himmel, meistens blau, silbrig-blau, durchzogen von großen weißen Wolken, die sich am frühen Abend wie Berge vor dem Horizont aufbauten. So dass ich mir manchmal wünschte, am nächsten Morgen dort hinaufzuklettern.

Natürlich Blödsinn. Phantasien aus einem anderen, früheren Leben. Doch statt in Gedanken irgendwelche Wolkengipfel zu besteigen, reiste ich nun in Gedanken nach China. Ein kleines bisschen weniger realitätsfremd. Immerhin.

Nach intensiver Lektüre verschiedener Reiseführer begann ich mit der genauen Planung. Als Reisezeit bot sich aus meteorologischen Gründen der frühe Herbst (September/Oktober) an, und die Reise sollte zeigen, wie viel mir trotz der schweren Behinderung doch noch möglich ist. Fortbewegung in Flugzeug, Hubschrauber, Zug, Bus, Boot, Auto (Taxi) oder im Rollstuhl (ohne und mit Handbike), genauso wie Übernachtungen in Luxus- oder Null-Sterne-Hotels, in der Rucksack-Pension, der Jugendherberge oder irgendwo draußen im Schlafsack.

Und jetzt konnte es endlich losgehen. Die Umsetzung all dessen, was ich mir in zahllosen Büchern und im Internet angelesen und notiert hatte. Über China, dieses fremde faszinierende Reich der Mitte, das hier in der Klinik auch meine Mitte war, mein Rettungsanker in Krankenzimmer 5.

Mit ständig wachsender Zuversicht hoffte ich auf eine Reise, die mir die landschaftliche und architektonische Vielfalt Chinas in beeindruckenden Bildern vermittelt, auf eine Reise, die echte Begegnungen mit den Menschen in diesem bevölkerungsreichsten Land der Erde möglich macht und die vor allem auch die ganz speziellen Erfahrungen eines schwerbehinderten Rollstuhlfahrers offenlegt.

Kurz gesagt: Ich hoffte auf ein großes Abenteuer, das Mut macht.

Vor allem mir selbst natürlich. Aber vielleicht auch einigen anderen Menschen, die weit entfernte große Ziele haben.

Mit unserem Kleinbus machen wir uns gegen 8.30 Uhr auf den Weg nach Suzhou, in das „Venedig des Ostens", wie es Marco Polo einst nannte.

Shanghai entlässt uns mindestens vierspurig zwischen endlosen Hochhauswüsten, die Stadt bleibt Kulisse, leblos und fremd, und zahllose Baustellen und Turmkräne rechts und links der Ausfallstraße drohen mit hemmungsloser Fortsetzung des Baubooms.

Hinter verhangenem Himmel begrüßen uns auf der Autobahn ein paar fahle Sonnenstrahlen. An einer Maut-Station bezahlen wir erstmals die chinesische Autobahngebühr, die uns berechtigt, gleich anschließend durch weites Ödland zu fahren. Vieles ist farblos oder grau, nur wenige Sträucher oder Bäume tauchen als seltene grüne Farbtupfer auf, es gibt keine weidenden Tiere, eigentlich nichts, was nach auffälligem Leben aussieht, Natur, die stört, vernachlässigt und vergessen.

Stattdessen sehe ich Infrastruktur, Stromleitungen en masse, Hochspannungsleitungen in jeder beliebigen Fluchtpunktperspektive, Telefonleitungen, die sich von Stahlmast zu Stahlmast hangeln, dazu Asphaltstreifen nach Süd-Ost-Nord-und-West, sogar Schienenstränge der Eisenbahn mit Über- und Unterführungen, alles ist da, auf, über und unter der Landschaft, Funktionalität ohne Rücksicht auf Ästhetik.

„Aber wo", verteidigt Ham, als ich das traurige Panorama kritisiere, „wo hat schnelle Industrialisierung jemals Rücksicht auf Ästhetik genommen?!"

Später dann kleine Vororte aus traurigen Wohnsilos, oft versteckt hinter riesigen Werbewänden, die uns 90 Kilometer entlang der Autobahn bis nach Suzhou begleiten, das alles meist sogar zweisprachig, in chinesischen und lateinischen Schriftzeichen, so dass ich mir im Bedarfsfall die Internet-Adressen z. B. von *Huan Cable* oder *Infinity G* hätte notieren können.

Habe ich aber nicht gemacht, sondern lieber die Hand von Herrn Zhao Qiubo vom *Amt für auswärtige Angelegenheiten der Stadtverwaltung* geschüttelt, der uns in Suzhou freundlich in Empfang nimmt, um uns einige der Kostbarkeiten seiner Stadt zu zeigen.

Wir folgen gerne seinem Vorschlag und beginnen mit einem der zahlreichen Stadtgärten, die allesamt äußerst wohlklingende Namen haben.

Bergvilla, die von Eleganz umgeben wird, Garten der Politik des einfachen Mannes oder *Garten des Pavillons der azurblauen Wellen* sind vielversprechende Einladungen, doch wir haben uns für den *Garten des Meisters der Netze* entschieden.

Herr Zhao spricht ein gutes Englisch und ist ein sensibler, aufmerksamer Begleiter, der auch mit meiner Behinderung sehr liebevoll und offen umgeht.

Jeder chinesische Garten, so erklärt er uns, hat vier konstante Elemente. Dazu zählt Wasser, angelegt meist in Form von idyllischen Seen oder kleinen Flussläufen, dazu zählen malerische Hügellandschaften, die von den Chinesen auch gerne „Gebirge" genannt werden, dann immer auch Pflanzen, die als Bäume, Sträucher oder Blumen für ästhetische Harmonie sorgen, und als vielleicht wichtigstes Element gehört natürlich auch die Architektur zur Gestaltung einer vollkommenen chinesischen Gartenanlage.

Der *Garten des Meisters der Netze* entstand im 18. Jahrhundert. Er ist sehr dicht bebaut, weist eine Vielzahl verwinkelter, stiller kleiner Höfe auf und ist damals natürlich alles andere als behindertengerecht angelegt worden. Ein Besuch im Rolli ist heute jedenfalls nur mit aufwendiger Hilfestellung möglich, und Ham, der in seinem ganzen Leben noch nie ein Fitnessstudio von innen gesehen hat, erleidet hier gut zwei Stunden lang sein ganz persönliches Kraft- und Ausdauertraining.

Mittelpunkt des Gartens ist ein Teich von nahezu quadratischer Form, der eine verhältnismäßig große Fläche des Grundstückes einnimmt und der von Pavillons, Wandelgängen und über dem Wasser stehenden Bauten, Brücken und Felsen eingefasst ist, so dass eine sehr abwechslungsreiche Szenerie entsteht.

„Drei Monde fanden sich in diesem Garten wieder", erzählt uns Herr Zhao, als wir an dem Teich angekommen sind, der von einigen malerischen Holzbauten eingerahmt wird. „Der erste Mond am Himmel, der zweite im Wasser und der dritte dort im Spiegel an der Steinwand, in dem sich der Teich mit verkehrten Seiten wiederfindet."

Während Ham mir im Dauereinsatz über Stock und Stein helfen muss, verbringen wir mit unserem sympathischen Begleiter einen lehrreichen Vormittag im klassischen China.

Gegen 12.30 Uhr verlassen wir den *Garten des Meisters der Netze* und machen uns auf den Weg zur Nordtempel-Pagode, von der aus man in 76 Meter Höhe einen fantastischen Blick über die Stadt haben soll.

Ich will das gerne glauben, aber im Rollstuhl habe ich leider keine Möglichkeit, meinen Reiseführer zu überprüfen, da es vermutlich in ganz China und also auch hier keine Pagodenaufzüge gibt.

Während Ham die vielen Treppen hochsteigt und mir dank seiner Kamera einige Eindrücke von ganz oben mitbringen wird, warte ich unten am Eingang der Pagode und verzichte ganz bewusst auf schlechte Laune.

Denn schließlich gibt es auch hier in Suzhou an diesem hellen Tag wieder so viele Dinge, die ich trotz der schweren Behinderung aus der Nähe kennenlernen darf, dass ich allen Grund habe, dafür dankbar zu sein.

Der bei allen fast gleichzeitig einsetzende Hunger führt uns wenig später in ein nahe gelegenes chinesisches Restaurant, das Herr Zhao zuvor ausgesucht hat, zu Recht, wie sich schon bald zeigen soll.

Auf der von Ham übersetzten chinesischen Speisekarte findet sich fern des Meeres überraschend viel, das nach maritimer Herkunft klingt. Doch es sind lauter Süßwassergeschöpfe, die uns als örtliche Spezialitäten angepriesen werden. Flusskrebse und -scampi werden aufgetischt, wenig später auch größere Fische, die für uns zwar alle namenlos bleiben, aber dessen ungeachtet sehr lecker schmecken. Dazu gibt es natürlich Reis in verschiedenen Variationen, und als Getränke werden Tee, Reiswein, Cola oder auch Tsingtao-Bier angeboten, das, wie uns Herr Zhao stolz erklärt, inzwischen in mehr als 50 Länder exportiert wird.

Trotz gelegentlicher starker Schmerzschübe kann ich unser üppiges Essen genießen, und mit ziemlich vollen Bäuchen steigen wir gegen halb vier auf ein größeres Motorboot, das uns über die noch erhaltenen Kanäle rund um das *Venedig des Ostens* fahren wird.

Die Schifffahrt draußen auf dem Vordeck tut gut im warmen Wind des Nachmittags, aber die großen optischen Reize bleiben uns leider verborgen. Hamlet wird während der Fahrt entlang der Außenbezirke von Suzhou an eigene Eindrücke vom Rhein zwischen Ludwigshafen und Mannheim erinnert, und er meint das zwar ehrlich, aber sicher nicht als Kompliment.

Nach der Bootstour bleibt uns in einem von Herrn Zhao vorgeschlagenen internationalen Restaurant vor der Rückfahrt noch ein bisschen Zeit, und bei einem Kaffee für mich und zweimal Jasmin-Tee für die beiden Chinesen erzählt uns Herr Zhao, unaufdringlich und trotz meiner Nachfragen stets zurückhaltend, die außergewöhnliche Geschichte seines Lebens.

Nur wenige Monate vor seiner Geburt wurde sein Vater, ein junger Student, von Mitgliedern der Kuomintang-Partei, die mit den Kommunisten im chinesischen Bürgerkrieg um die Staatsführung kämpfte, in einen Hinterhalt gelockt und erschossen. Seine Mutter, die bald schon wieder einen neuen Lebenspartner gefunden hatte, gab ihren kleinen Jungen zu den Schwiegereltern, bei denen er als Einzel-Enkelkind aufwuchs. Die Eltern seines nie gekannten Vaters waren gläubige Christen, was unter Mao Zedongs kommunistischer Herrschaft alles andere als karrierefördernd war. Aber der kleine Qiubo stand als Sohn eines von der Kuomintang erschossenen Mannes, eines Märtyrers also, stets unter staatlicher Obhut. Ein Leben lang sollte ihm als Gegenleistung für den heldenhaften Tod seines Vaters und für sein trauriges Halbwaisenschicksal von kommunistischer Regierungsseite finanzielle Unterstützung und berufliche Förderung zukommen.

Herr Zhao erzählt seine Lebensgeschichte mit leiser, fast verlegener Stimme, und er wirkt auf mich wie ein kleiner Junge, der zum ersten Mal vor der Grundschulklasse ein längeres Referat frei vorträgt.

Gegen 18 Uhr müssen wir uns wieder auf den Weg zurück nach Shanghai machen. Ich meine es ganz ehrlich, als ich unserem liebenswerten Suzhou-Führer zum Abschied bei einem letzten Händedruck sage, dass es mich sehr gefreut hat, ihn heute kennenzulernen, und noch als wir schon in die große Umgehungsstraße eingebogen sind, winkt der immer kleiner werdende Herr Zhao mit beiden Armen hinter uns her.

Kurz bevor wir die Autobahn erreichen, taucht auf dem Seitenstreifen plötzlich eine kleinere Menschengruppe auf und winkt und gestikuliert wild zu uns herüber.

Sun, unser Fahrer, weiß offenbar sofort, was das zu bedeuten hat, stellt den Kleinbus sicher ab und taucht gleich darauf in das bunte Durcheinander ein.

Ham, der mit mir im Wagen bleibt, hat von Sun gerade noch erfahren, dass hier besonders gute und leckere Süßwasserkrebse verkauft werden, die, wie wir ja schon am Nachmittag gelernt haben, als Spezialität der Gegend um Suzhou gelten.

Süßwasserkrebse also, und wie ich durch das offene Wagenfenster erkennen kann, offenbar ganz frisch und abgepackt und hier auf dem Seitenstreifen der Ausfallstraße natürlich viel billiger als anderswo. Da sollte man sofort zugreifen, ich verstehe, aber ich muss noch lernen, dass man beim Süßwasserkrebskauf zunächst mal genau zu vergleichen hat. Denn da gibt es eckige und runde Packungen, flache und hohe, solche mit und andere ohne Wasseranteil, und sie alle wollen vorsichtig angefasst und hochgehoben werden.

Sun ist ein Profi, das zeigt sich schnell, und eine Entscheidung steht sicher bald bevor. Es ist jetzt nur noch eine Frage des Preises, und, ich weiß das inzwischen, Handeln macht in China großen Spaß.

Ein wenig zieht es sich dann auch noch, das geist- und gestenreiche Hin- und Hergefeilsche, das ich auf dem Beifahrersitz aus der ersten Reihe verfolgen kann, aber schließlich klappt es doch noch mit dem Kompromiss zur beiderseitigen Zufriedenheit.

Kaum fünf Minuten hat es am Ende gedauert, Suns kleines Süßwasserkrebs-Schnäppchen, und wir durften gerade miterleben, wie sich unser Fahrer für 40 Yuan nicht nur allerbeste Ware, sondern auch allerbeste Laune für die knapp zweistündige Rückfahrt eingekauft hat.

„Das Leben", sagt Ham, bevor er auf dem Rücksitz den Rest der Fahrt verschläft, „das Leben kann auch in China manchmal so einfach sein."

Die Zeit auf der Autobahn vergeht schnell, da die schönen Erinnerungen des Tages die Dunkelheit vor dem Autofenster mit vielen neugewonnenen Bildern füllen.

Zurück in der auch im zweiten Eindruck wieder monströsen chinesischen Wirtschaftsmetropole gönnen wir uns noch vor dem Abendessen am Freiluft-Hotelpool eine kleine Ruhepause.

Während Hamlet in einer chinesischen Tageszeitung liest, beobachte ich die Menschen, die, wie wir, in Shanghai nichts Besseres zu tun haben, als diesen frühen Abend am Hotel-Swimmingpool zu verbringen.

Zwei hübsche Europäerinnen, deren Körper zweifellos des öfteren in Fitness- und Sonnenstudios zu Gast gewesen sein müssen, schwimmen mit schnellen Zügen eine offenbar vorgegebene Strecke und werden dabei schon seit längerem von einem chinesischen Familienvater beobachtet, dessen Frau und Kind gerade in sicherer Entfernung unter der heißen Dusche spielen. Der Mann wirkt auf mich wie ein ewiger Jüngling noch im Mannesalter, und so ungefähr habe ich mir Dorian Gray auf Chinesisch vorgestellt.

Rund 50 Jahre alt mag er sein, mit dem makellosen Gesicht eines Knaben, ohne Falten oder Narben, aber auch ohne Persönlichkeit, ohne Charakter, ein weißes Blatt Papier in einem Alter, in dem aus anderen Gesichtern oft schon ganze Bücher sprechen, eine Schönheit ohne Profil, ein Familienvater ohne Geschichte, der gemeinsam mit Ehefrau und Kind einen Abend lang im Hotelpool herumplantscht.

Als wir uns wenig später auf den Weg zu unserem Zimmer machen, tut es mir schon wieder leid, dass ich ihn so hart beurteilt habe, den chinesischen Dorian Gray, und als ich vorbeirolle, schenke ich ihm und seiner Familie ein Lächeln, das aus sechs freundlich strahlenden Augen zu mir zurückkommt.

Gegen 23 Uhr dann nehmen wir vor dem Hotel ein Taxi und bitten den Fahrer per Fingerzeig auf dem Stadtplan um den kürzesten Weg zur In-Disco *Guandii* am Westeingang zum Fuxing-Park.

Hamlet hat die Handgriffe fürs Abnehmen der Rollstuhlräder zwecks Transport im Taxi schnell gelernt, und so nimmt diese auf unserer Reise des öfteren notwendige Prozedur nur noch wenige Momente in Anspruch.

Für meinen Freund ist dieser Abend vertane Zeit, jede Discothek ein ungeliebtes Muss, da er das letzte Mal vermutlich in einem früheren buddhistischen Leben freiwillig getanzt hat.

Aber mir zu Liebe nimmt er heute nacht Lightshow und Lautstärke auf sich und hält es sogar eine gute Stunde in dem nicht gerade großräumigen Tanzlokal aus.

„Viel zu viele frisierte Glatzen" sowie ein starkes Ohrensausen verleiten Hamlet dann aber schließlich doch zur eiligen Flucht auf die nahegelegene Terrasse.

Ich bleibe alleine mit einem Glas Tsingtao-Bier am Rande der Tanzfläche und suche wieder mal vergeblich das Fremde.

Denn diese wenigen überschaubaren Disco-Quadratmeter mit grellem Licht, lauter Musik und viel rhythmischer Bewegung könnten doch eigentlich überall auf der Welt sein, ob nun hier in Shanghai, in New York, Hamburg oder Kapstadt, denn Discotheken sind längst Teil einer dominierenden Weltkultur geworden, einer Weltkultur, die man sicherlich kritisieren und verurteilen kann, der es auf der anderen Seite aber auch gelungen ist, Nationen und Kontinente enger miteinander zu verbinden.

Nach einiger Zeit spricht mich eine junge Chinesin auf Englisch an. Sie hat gerade ihr Wirtschaftsstudium in den Vereinigten Staaten abgeschlossen, und schon bald wird mir während ihres längeren Vortrags klar, dass sie nicht nur mich, sondern vor allem auch ihren Freund beeindrucken will, der in gebührender Entfernung ausharrt und uns scheinbar teilnahmslos beobachtet.

Larissa, so der westliche Name der mitteilungsfreudigen jungen Chinesin, will demnächst in Shanghai ein eigenes Unternehmen gründen, das sich im Marketingbereich etabliert.

Und dann plant sie, wenn ich richtig verstanden habe, in absehbarer Zeit auch an die Börse zu gehen.

Ich bin tatsächlich beeindruckt von ihrer großen Selbstsicherheit, von einem so enormen Vertrauen in die eigene Stärke und in das bombensichere Glück des Wagemutigen.

Glückwunsch dazu, Larissa, gratuliere ich und frage mich heimlich, ob bei all den großen Vorhaben auch noch ein bisschen Zeit für den stillen Beobachter da vorne an der Tanzfläche bleibt.

Es folgen noch ein paar Minuten westlicher Smalltalk und dann ein gekonnter internationaler Abgang. Zwei Küsschen rechts und links, ein Lächeln, ein „See you next time" und zum Abschluss von Larissas Aufführung dann die kleinen schnellen Schrittchen mit High Heels zurück zu ihrem Freund im Abseits.

Vor ausgesuchtem Publikum war das ganz ohne Frage ein ziemlich professioneller Auftritt der künftigen Firmenchefin, und ich finde, dass mir meine kleine Nebenrolle als aufmerksamer Zuhörer auch ganz gut gelungen ist.

Als ich mich gegen zwei Uhr morgens dann beim erstmaligen Gähnen erwische, mache ich mich auf die Suche nach meinem entflohenen Freund. Aber Ham scheint wie vom Tanzboden verschluckt.

Nach minutenlangem Umherrollen finde ich ihn schließlich doch noch, versteckt hinter einer Werbebande am Rande der Terrasse, wo er an einem kleinen Einzeltisch in ein Buch vertieft ist, das er fast gierig liest, und dabei offenbar Zeit und Ort vergessen hat: „Harry Potter and the Order of the Phoenix".

Das hier wäre etwas für Rodin, denke ich im zweiten Moment, dieser lesende Chinese in seiner ganz eigenen Welt. Leider habe ich meine Kamera nicht dabei, denn ich bin sicher, dass dieses Bild für die *Guandii*-Discothek eine echte und einzigartige Premiere ist.

Mit Märchenonkelmiene und Gutenachtgesicht schaut er schließlich zu mir auf, mein belesener Freund, und als wir bald darauf im Taxi sitzen, ist Ham schon nach der ersten Verkehrsampel eingeschlafen. Von wem er jetzt wohl träumt? Vermutlich von seiner Frau und seinem Sohn in Malaysia. Oder vielleicht doch von irgendeinem heiligen Vogel, der mit Harry Potter unterwegs ist und in einer viel zu lauten Discothek mit gefährlichen frisierten Glatzen zu kämpfen hat?!

Heute würde kein einfacher Tag für mich werden, das wusste ich schon lange vor dem Aufwachen. Denn am 30. September 2005 ist meine geliebte Mutter, von einem jahrelangen Krebsleiden schwer geschwächt, an einer plötzlich aufgetretenen Lungenentzündung gestorben.

Ich lag damals schon seit mehreren Monaten in der Orthopädischen Uni-Klinik in Heidelberg auf meinem schmalen Krankenbett, als an einem hellen Freitagmorgen kurz vor sieben Uhr das Telefon klingelte. Schon bevor ich den Hörer abnahm, wusste ich, dass mir in wenigen Sekunden irgendeine Stimme den Tod meiner Mutter mitteilen würde, denn aus welchem anderen Grund sollte mich jemand zu einer so frühen Tageszeit anrufen?!

Es war Elmars Mutter, eine enge fürsorgliche Freundin, die man mitten in der Nacht in das Marien-Hospital gerufen hatte, da es offenbar in absehbarer Zeit zu Ende gehen würde. Mit fester Stimme ließ sie mich wissen, dass Mutter vor wenigen Momenten in ihren Armen aufgehört habe zu atmen. Während ich im Hintergrund eine Ordensschwester ein *Vater unser* beten hörte – „... dein Wille geschehe, wie im Himmel, so auf Erden ..." – ließ ich meine drängenden Tränen zu, die in unrhythmischer Folge auf den Nachttisch heruntertropften.

Für mich war es der todtraurige Höhepunkt einer Leidenszeit, in der ich ständig um Mutters kritischen Zustand wusste und doch nicht zu ihr nach Kevelaer konnte, weil ich schon seit Monaten in ständiger Bauchlage ans Heidelberger Krankenbett gefesselt war.

Einem syrischen Professor, Spezialist für komplizierte chirurgische Eingriffe, war es schließlich gelungen, meinen schwer verwundeten Hintern zusammenzuflicken, indem er einen Oberschenkelmuskel durchtrennt und im 90 Grad-Winkel nach oben unter das Sitzbein verschoben hatte. Klingt fürchterlich, und das ist es wohl auch, aber es war der vermutlich letzte operative Weg, mir doch noch eine sitzende Zukunft im Rollstuhl zu ermöglichen.

Nach den vielen Eingriffen, die aufgrund einer großflächig entzündeten Wunde nötig geworden waren, hatte mein Hinterteil große Ähnlichkeit mit einem hart umkämpften Kriegsschauplatz bekommen. Gesäßmuskeln und Fettpolster gab es nicht mehr, alles hatte man wegen der fiebrigen Entzündung des Fleisches herausschneiden müssen, und übriggeblieben waren nur noch Haut und Knochen und jede Menge kunstvolle Narben.

Wenn auch diese *neunte* Operation nicht erfolgreich gewesen wäre, dann hätte ich wahrscheinlich den Rest meines Lebens auf dem Bauch liegend verbringen müssen. Eine entsetzliche Vorstellung, die mir jetzt noch einen kalten Schauer über den Rücken laufen lässt.

Dass ich bis an mein Lebensende auf einen Rollstuhl angewiesen sein würde, hatte ich längst akzeptiert, akzeptieren müssen, sicher auch aus Mangel an Alternativen. Aber nur noch liegen zu können, auf dem Bauch in einem fahrbaren Bett, das hätte mir noch weit mehr an Energie und Lebenslust genommen, als es die schwere Behinderung ohnehin schon getan hatte.

Meine seit Jahren schon schwer krebskranke Mutter hatte ich das letzte Mal am 28. Juli gesehen. Trotz meines mehrmals ergebnislos operierten Hinterns, auf dem ich seit der ersten OP zu Jahresbeginn nicht mehr sitzen durfte, hatte ich mir für Ende Juli einen dreitägigen Urlaub ausgehandelt. Das Schreiben für die Versicherung, mit dem ich bestätigen musste, aus eigenem Antrieb und auf eigene Gefahr und gegen den Rat des Professors die Klinik verlassen zu haben, unterschrieb ich bereitwillig, als wäre es meine Entlassungsurkunde.

Es waren die letzten gemeinsamen drei Tage mit meiner Mutter, die, das spürte ich mit einem beklemmenden Kloß im Hals, immer schwächer, zerbrechlicher und hilfsbedürftiger wurde. In gewisser Weise war sie wieder zu einem kleinen Kind geworden, für das ich nun als Erwachsener zu sorgen hatte. Und das tat ich gerne, denn, anders als bei meinem Vater, der bei dem Unfall in Kenia so unvermittelt ums Leben gekommen war, konnte ich in vielen wertvollen Momenten von meiner Mutter Abschied nehmen und sie auf den letzten Metern ihres Weges begleiten.

Mehr als zwei Jahre sind seitdem vergangen, doch bleiben der Moment der Todesnachricht und seine Vorgeschichte unauslöschlich in meinem Bewusstsein verankert, und natürlich werden mich auch und gerade heute wieder viele schmerzhafte Erinnerungen durch den Tag begleiten.

Ich bin noch ziemlich müde und schlapp, als wir an diesem wolkenlosen Vormittag im Taxi auf die andere Flussseite ins moderne Wolkenkratzermeer von Pudong aufbrechen. Auf der Terrasse eines Restaurants am Huangpu-Fluss hilft mir ein tiefschwarzer Kaffee über die erste und zweite Müdigkeit hinweg, und eine starke Tablette kann den aufkommenden Phantomschmerz bald zurückdrängen.

Ich bemerke, dass Ham einen grauhaarigen Touristen mit Cowboyhut beobachtet, der sich seit seinem Auftauchen auf der Terrasse ungeheuer wichtig gibt. Seine Sprache, Englisch mit amerikanischem Akzent, ist eine Anhäufung von Halbsätzen. „Lass das", zu seiner Frau, „jetzt nicht", zu seinem kleinen Sohn, „dauert ja ewig hier", zu sich selbst und zur Umgebung in Hörweite.

„Ein Profi-Schaumschläger", sagt Ham, als wären es die Abendnachrichten, und liest mir lieber aus seinem Reiseführer vor. „Der chinesische Staat schützt seine Bürger durch ganz gezielte Erlasse. Dazu gehört zum Beispiel die Ein-Kind-Politik, die aufgrund der ständig anwachsenden Bevölkerung unerlässlich war, um die Stabilität des Landes zu sichern.

Oder auch das Glücksspielverbot, das mit der Staatsgründung 1949 erlassen wurde. Abgesehen vom traditionellen Spielerparadies Macao gilt dieses Verbot auch heute noch überall in China und muss sich vor allem in der neuen großen Welt des Internets mit vielfältigen Gefahren auseinandersetzen."

Beim Thema Glücksspiel muss ich unwillkürlich an einen Provence-Urlaub denken, den Ham und ich vor mehr als zwölf Jahren gemeinsam verbracht haben.

Ein französischer Freund meiner Eltern, der es sich leisten konnte, seinen Lebensabend in einem großen Anwesen unweit von Antibes zu verbringen, hatte uns im Frühjahr 1994 zu einem monegassischen Samstagabend eingeladen, der schließlich im berühmten Casino von Monte Carlo endete.

Für Ham war es damals die erste direkte Begegnung mit dem großen Glücksspiel. Monsieur Delahousse erklärte ihm in der Casino-Bar die wichtigsten Spielregeln und kaufte uns an der Kasse Jetons für je 300 Francs, mit denen wir die Launen des Glücks erkunden sollten.

Ich war gleich fasziniert von dem stilvollen Ambiente und begann bald zu spielen. Ich setzte schnell und intuitiv, wechselte zwischen Blackjack in der *Salle Touzet* und Roulette im *Salon de l'Europe* einige Male hin und her und hatte bald schon gutgelaunt meine kleinen Einsätze verspielt.

Ham dagegen hatte seine Aufmerksamkeit auf einen der großen Roulettetische gerichtet, an dem eine auffällige Unruhe entstanden war.

Eine Zahl, die *23*, war fünfmal nacheinander gefallen, und

die Einsätze der zahlreichen Spieler am Tisch hatten sich mit jedem Mal erhöht.

Besonders in der kurzen Zeitspanne zwischen *Faites vos jeux* und *Rien ne va plus* kam es zu hektischen Setzvorgängen und mitunter sogar zu kleineren Rempeleien.

Ich hatte nun Zeit, Ham zu beobachten, und sah, wie er das geordnete Durcheinander eine Weile geschehen ließ, ehe er sich auf einen freigewordenen Stuhl an den Tisch setzte.

Er spielte zunächst mit 20 Francs Einsätzen auf die einfache Chance *Rot*, später dann auch mit fünf Francs Jetons *plein* auf die Zahl Eins. Denn *Rot* war schließlich seine chinesische Farbe, und das erste Mal, seine Premiere in einem Casino, verlangte vermutlich die Nummer Eins.

Es war in jedem Fall eine gute Wahl, denn mit schöner Regelmäßigkeit gewann Hamlet kleinere und größere Summen und nach zwei schnell vergangenen Stunden konnte er an der Kasse eine beachtliche Menge bunter Spieljetons zurückwechseln.

„Das Glück hat meiner Taktik Recht gegeben", erklärte er beim Wiedersehen mit Monsieur Delahousse nach Mitternacht und bestellte in der Casino-Bar mit strahlenden Augen zwei Gläser Sekt und für sich selbst ein stilles Wasser mit Zitrone.

Mehr noch als sein strategisches Glück hat mich bei Hamlet im Nachhinein beeindruckt, dass er, trotz der nach dem ersten Gewinn fraglos großen Verlockung, später nie mehr ein Spielcasino betreten hat, im Wissen um die Gefahr, wie er mir selbst sagte, und mit der Befriedigung, den Reiz des Spiels erlebt zu haben und ihn nun für immer zu kennen. Einmal war ihm genug, ein Leben lang.

„Deine Haut", stellt er beiläufig fest, als er den Reiseführer durchgelesen hat und beiseitelegt, „ist heute schon wieder so braun. Bei dir braucht die Sonne dafür nicht mehr als zwei Tage, oder?!"

Das stimmt schon, aber ich weiß, das es kein neidisches Kompliment ist. Denn das chinesische Schönheitsideal will keine braune, sondern eine blasse weiße Haut, und deshalb schützt man sich hier vor den Strahlen des großen Himmelskörpers so gut man kann.

Auch Ham setzt sich im Freien immer mit dem Rücken zur Sonne oder verkriecht sich, wenn er alleine ist, irgendwo ganz in den Schatten.

Während er kurz darauf eine Tour durch Pudongs Straßenschluchten machen möchte, bleibe ich faul auf der Terrasse sitzen und schaue auf die bewegte Welt von Shanghai.

Es ist später Vormittag, der Himmel noch voller Versprechungen, als plötzlich ein kleiner dicker Chinese auf mich zukommt.

Ob ich schon lange hier in China bin, will er in fließendem amerikanischen Englisch wissen, dieser eigenartige Typ, der mich schon seit geraumer Zeit von seinem vielleicht zehn Meter entfernten Restauranttisch ziemlich aufdringlich beobachtet hat und der sich nun genauso aufdringlich nahe an meine Seite stellt. Noch bevor er die nächste Frage formuliert hat, bin ich ziemlich sicher, einen kontaktsuchenden Homosexuellen neben mir zu haben, der, womöglich dank eines längeren Aufenthaltes in den USA, gelernt hat, offener und offensiver mit seiner Neigung umzugehen.

Dass ich damit leider richtig liege, ist für uns beide schade und unerfreulich. Für mich, weil ich solchen meist eindeutigen Unterhaltungen, wenn möglich, immer aus dem Weg gehe. Und für ihn, weil er allen Anstrengungen zum Trotz nicht das bekommen wird, was er sich von diesem Gespräch vermutlich erhofft.

Umso lästiger ist deshalb das nun vom kleinen Dicken inszenierte Frage-und-Antwort-Spiel, an dem ich mit konsequent nachlassender Freundlichkeit teilnehmen muss. Seine Fragen, zunächst noch im Rahmen des üblichen Kennenlerngeplänkels, werden immer zudringlicher und schließlich sogar unverschämt, als er wissen will, wie oft ich im Rollstuhl Sex habe und ob ich es schon mal mit einem Mann versucht hätte.

Dass ich ihn nicht einfach stehen lasse mit seinem offensichtlichen Triebproblem, hat zwei Gründe: Erstens fühle ich mich ihm gegenüber sicher, überlegen in jeder augenblicklich in Frage kommenden Hinsicht. Und zweitens interessiert mich nun tatsächlich, wie weit dieses hemmungslose Kerlchen in seiner Fragerei wohl noch gehen mag. Aber er scheint inzwischen verstanden zu haben, erzählt noch irgendwas von einem geilen Erlebnis zu Dritt und von einer tollen Night-Bar, in der man sich ja später mal treffen könnte, und verschwindet dann mit einem flotten „See you" in Richtung U-Bahn-Treppe.

Als Hamlet nach gut einer Stunde mit mehr als 50 neuen Fotos von seinem Ausflug zurückkommt, erzähle ich nichts von dem Vorfall, weil mir das Thema ziemlich sicher die Laune verderben würde.

Bei der Rückfahrt in einem der städtischen Busse, in den ich von Ham getragen werden muss, während mein Rollstuhl unten im Gepäckraum Platz findet, werden wir ziemlich gründlich in die ungeschriebenen Gesetze des täglichen Verkehrschaos von Shanghai eingeweiht.

Vor uns leuchten die roten Stopplichter eines LKW, rechts staut sich der Verkehr, links bleibt eine winzige Lücke zwischen zwei Wagen, staubiger Asphalt unter blinkenden Stoßstangen, die sich anziehen wie zwei Magnete. Unser Busfahrer gibt noch einmal Gas, reißt am Steuer, das Fahrzeug schert aus, die Ladefläche des LKW scheint zum Greifen nah, die ganze Welt ist ein großes rotes Bremslicht, dann Augen zu, der Knall, der nicht kommt, wir sind vorbei.

Den kleinen Lieferwagen mit allerlei buntem Obst und Gemüse, der plötzlich vor uns auftaucht, überholen wir rechts, mit zweimaligem kurzem Hupen, müssen aber gleich danach wieder nach links, quer über zwei Fahrbahnen, um in die Reihe mit dem geringsten Rückstau vor der Ampel zu gelangen.

Vollbremsung hinter zwei Motorradfahrern, beide helmlos, alle warten mit laufendem Motor und nervöser Gasgeberei auf Grün. Dann der Massenstart wie in der Formel 1, alle legen los als seien sie der Notarzt im Einsatz, eine Meute von Verrückten, von denen jeder sein ganz persönliches Rennen zu fahren scheint. Auch wir liegen gut, vor uns ein Taxi, aber rechts ist frei, wir gehen rüber, ohne Blinker, den Fuß auf dem Gaspedal. Als wir fast schon auf Höhe der hinteren Stoßstange sind, zieht auch das Taxi rüber, ebenfalls ohne zu blinken, Bremsen quietschen, unsere Hupe jault auf, wir fallen kopfüber nach vorne und wieder zurück in die Sitze. Ohne Gleichgewichtsgefühl hänge ich irgendwo am Rande, und Ham zieht mich gerade noch rechtzeitig auf meinen Sitzplatz zurück. Alle anderen tun, als sei nichts passiert, teilnahmslos aus Gewöhnung. Warum auch nervös werden, es ist ja schließlich nichts passiert, und alles geht weiter wie zuvor.

Das Gesicht unseres Fahrers, blass, aber wach und mit Lachfalten um die Augen, bleibt gelassen, konzentriert bei der täglichen Routinearbeit. Kein Grund zur Aufregung, auch bei ihm nicht, der Mann weiß, was er tut, und er versteht sein Handwerk: Busfahrer in Shanghai.

Plötzlich ist wieder eine Ampel vor uns, rot, blutrot, aber wir halten drauf, Tacho bei 80 km/h, drauf und hinüber, bevor der Verkehr hinter uns wieder gnadenlos zusammenschlägt. Ich lerne: Grün ist, solange die anderen noch nicht in der Kreuzung sind.

So rollen wir durch Shanghais endlose Asphaltwüsten, aber irgendwann hilft auch das gewagteste Manöver, hilft auch das lauteste Gehupe nicht mehr weiter. Unser Bus steht, gegen alle Regeln, steht in einer Blechlawine ohne Anfang und ohne Ende, eine Minute, dann zwei, dann fünf, dann höre ich auf zu zählen. Laufende Motoren überall, ganz langsam verbreitet sich metallischer Dunst über dem Stau, Abgase füllen die Räume mit weißgrauem Kunstnebel, wie in einer riesigen Discothek mit Motorgeräuschen statt Musik, und wir mittendrin, wir stehen und stinken bis hinauf zum Himmel, der in einer immer fahleren Bläue zerläuft.

Das Atmen wird schwieriger, auch im Bus. Die Lunge schmerzt schon ein wenig, und ich beginne, die vorbeilaufenden Passanten mit ihrem weißen Mundschutz zu verstehen. Als einziger Ausländer zwischen den stauerprobten Chinesen verspüre ich in der Magengegend erste Anzeichen einer gründlichen Übelkeit. Auch Hams Gesicht sieht ziemlich angegriffen aus. „Klabauterkram", höre ich ihn einige Male mit geschlossenen Augen am Fenster stöhnen, etwas anderes fällt auch ihm wohl nicht mehr ein.

Unsere Umgebung dagegen spiegelt ein Bild äußerster Gelassenheit wider, von totaler Ergebenheit in das Unabänderliche. Der Chinese fügt sich in das, was er als Schicksal akzeptiert hat, erklärt Ham mir später.

Das gegenwärtige Schicksal heißt *Wachstumswelle* und überrollt Shanghai in unaufhaltsamem Sturm und Drang.

Um den städtischen Verkehr zu bewältigen, wurde der Umfang des Straßennetzes seit den 90er Jahren mehr als verdoppelt. Und trotzdem wächst die Zahl der Autos schneller, als neue Straßen gebaut werden können. Seit Jahren schon kontrolliert die Stadtregierung die Zahl der Neuzulassungen. Nur noch maximal 7000 pro Monat werden vergeben, was inzwischen dazu geführt hat, dass Nummernschilder auf öffentlichen Auktionen ersteigert werden und längst weit mehr kosten als ein neues Auto.

Während der täglichen Rush-hour ist es nahezu unkalkulierbar geworden, wie lange man mit dem Auto von A nach B braucht. Und selbst außerhalb der kritischen Zeiten bewegt sich der Verkehr im Durchschnitt nur mit 15 Stundenkilometern vorwärts.

Unser Bus bewegt sich seit Minuten überhaupt nicht mehr, ein Standbild für Menschen mit Zeit und ohne Termine.

Auf einer Kreuzung steht einsam ein Polizist im organisierten Chaos und versucht zu regeln, was nicht mehr zu regeln ist. Der in Fahrtrichtung folgende Tunnel, von Pudong nach Shanghai unter dem breiten Huangpu Fluss hindurch, ist zu einem lärmenden Stillleben aus ineinander verkeilten Fahrzeugen meist deutscher oder japanischer Herkunft geworden. Eine schräge Symphonie aus ungezählten Motorrad- und Automotoren hallt durch den Tunnel, daneben und darüber stehen ganze Straßenzüge im Leerlauf, ohne dass auch nur ein einziger Motor abgestellt wird.

Um sich gegen die drohende Abgas-Apokalypse zu schützen, trägt auch der bedauernswerte Verkehrspolizist einen weißen Mund- und Nasenschutz, der ihm von weitem das Aussehen eines verirrten Chirurgen verleiht. Mit beiden Armen fuchtelt er wild durch die Gegend, als gelte es, ein riesiges Orchester zu dirigieren.

Nach einer rastlosen Viertelstunde lässt er sich völlig erschöpft ablösen, und ein anderer chinesischer Don Quijote in Polizeiuniform nimmt den aussichtslosen Kampf gegen die drehenden Motoren wieder auf.

Drum herum weiterhin das gleiche Bild: Kupplung und erster Gang, das Gaspedal als Luftpumpe, eine Art spielerisches Aufwärmen vor dem großen Massenstart, der aber leider nicht kommt. Stattdessen kommt ein Zeitungsjunge und macht durch geöffnete Wagenfenster ein gutes Geschäft. Denn so viel Zeit, in Ruhe eine Zeitung zu lesen, wird man an diesem Tag wohl nicht noch einmal haben.

Ich kaufe die englischsprachige Tageszeitung *China Daily* und erfahre auf der Seite mit viel Buntem aus aller Welt, dass die *Association of Sexuality* in Hongkong 1087 Frauen repräsentativ befragt hat. Danach haben mehr als 60 Prozent gerne Sex, knapp 30 Prozent aber schlafen nur noch mit ihrem Partner, um ihn zu befriedigen oder um Nachwuchs zu bekommen. Und rund 15 Prozent fühlen sich beim Sex sogar unwohl.

So ist das also in Hongkong, lerne ich, aber wir hier in Shanghai haben im Moment ganz andere Probleme.

Was mich allerdings zusehends an diesem Chaos fasziniert, ist die offensichtliche Selbstverständlichkeit der Situation, die unerschütterliche Geduld der Chinesen, dieses widersinnige Stau-Schauspiel zu ertragen, das sich Tag für Tag wie ein geheimes Naturgesetz in den Straßen von Shanghai wiederholt.

Irgendwann, ruckartig und ohne dass ich noch damit gerechnet hätte, geht es dann doch weiter, ein zähes Geschiebe zwar, an Spurwechsel mit dem Bus ist nicht zu denken, aber ganz langsam rollen wir weiter in Richtung unseres so nahen und doch so fernen Hotels.

Dort angekommen, bestellen wir in der Panorama-Bar im obersten Stockwerk einen Tee für Ham und einen Kaffee für mich, und durch das große Fenster sieht die Stadt uns zu, Shanghai, die Mega-Metropole, die überall ist und nirgends, eine Riesenkrake mit tausend Armen und Beinen, das chinesische Zukunftsmodell der Gegenwart, ein immer wieder neu inszeniertes Projekt der Rekorde, das jeden Maßstab längst gesprengt hat. Auch den eigenen.

Am Zimmertelefon erfahren wir dann von einer Englisch sprechenden Rezeptionistin, dass man für uns völlig unerwarteterweise doch noch zwei Karten für das abendliche Finale der Frauen-Fußball-WM Deutschland gegen Brasilien organisieren konnte.

„Noch eine echte Sensationssymphonie, Mister Bergmann", kommentiert Mister Ham unser Glück. Fantastisch!

Den späten Nachmittag verbringe ich in Bauchlage auf dem Hotelbett, um meinen strapazierten Hintern ein bisschen zu entlasten. Aufmerksam zappe ich durch die zahlreichen chinesischen Fernsehprogramme, auf der Suche nach den sicher auch in China unvermeidlichen Einflüssen der westlichen *Weltkultur*. Und schnell werde ich fündig, denn auch hier gibt es diese *Wer-wird-Millionär*-Sendungen, in denen Kandidaten mit ihrer Allgemeinbildung gutes Geld machen können. Zwei Programme weiter laufen gerade zur vollen Stunde die Nachrichten. Die Moderatorin wirkt ernst und gewissenhaft, und die Machart der Sendung ist mit der unserer *heute*-Nachrichten durchaus vergleichbar.

Auf dem dreizehnten Kanal lande ich kurz darauf in einer Comedy-Show, die ich leider nicht verstehe, und deshalb zu einem Kochkurs weiterschalte, in dem zwei weiß uniformierte Köche in moderner Küchenarchitektur irgendeine chinesische *Nouvelle Cuisine* zelebrieren. Ich wäre nicht einmal verwundert, wenn hier gleich Kerner und Lafer auftauchen und mit chinesischen Untertiteln ein deutsches Spanferkel zubereiten würden.

Auf Kanal 19 schließlich finde ich dann auch noch das Langvermisste, eine chinesische Telenovela.

Ein uniformierter Mann sitzt am Schreibtisch und notiert einige Zeilen auf ein weißes Blatt Papier. Plötzlich betritt ein zweiter uniformierter Mann mit schnellen Schritten den Raum. In einem harten Stakkato-Tonfall teilt er salutierend etwas mit, das sehr bedeutsam zu sein scheint und das der Mann am Schreibtisch mit blankem Entsetzen aufnimmt.

Ich spüre die Spannung, ahne die drohende Gefahr, und bin trotz der Sprachbarriere mittendrin im Geschehen.

Die beiden ausdrucksstarken Männer tragen hochdekorierte Militäruniformen und sind allein schon deshalb sehr bedeutend.

Der mit dem Stakkato-Tonfall hat noch einen weiteren tragischen Satz auf Lager, woraufhin der mit dem Entsetzen im Gesicht abrupt vom Schreibtisch aufsteht.

Mit einem durchdringenden Blick, der vermutlich mehr sagt als tausend chinesische Worte, wendet sich der Entsetzte nach rechts zum Fenster. Die Kamera zeigt nun groß sein Gesicht, und eine emphatische Musik unterstreicht die ungeheuere Tragik der Situation.

Dann folgt der harte Schnitt, und eine neue Szene kann beginnen.

Die beiden bedeutenden Uniformierten, die inzwischen am Rande eines großen Schlachtfeldes stehen, sind Schauspieler in einer der zahlreichen Militär-Telenovelas, die Tag für Tag über die chinesischen Bildschirme flimmern und denen man beim Zappen eigentlich kaum entgehen kann.

In jeder Folge taucht immer auch irgendwann eine geheimnisvolle Schöne auf, die den jungen Soldaten stets wieder diese langen durchdringenden Blicke entlockt, die mehr ausdrücken als tausend chinesische Worte.

Als die heutige Folge mit einem großen Schlachtinferno und dem ehrenhaften Tod eines der Protagonisten zu Ende geht, frage ich mich dann aber doch, ob China mit diesen militärischen Seifenopern vielleicht immer noch irgendetwas Unbewältigtes aus der eigenen Geschichte verarbeiten muss?!

Wie verabredet treffen wir uns gegen 18.30 Uhr an der Rezeption, und vor dem Hotel wartet schon ein VW-Santana-Taxi auf uns. In meinem ganzen Leben habe ich noch nicht so viele VW-Santanas gesehen, wie in diesen wenigen Tagen in Shanghai. Mein Rollstuhl findet im Kofferraum des vermutlichen Marktführers unter den chinesischen Taxis wieder seinen gewohnten Platz, und schon eine gute halbe Stunde später dürfen wir auf unseren herrlichen Tribünenplätzen im Hongkou-Stadion von Shanghai das Einspielen der beiden derzeit besten Frauenfußballmannschaften der Welt beobachten.

Das brasilianische Team hat zum ersten Mal ein WM-Finale erreicht und ist gegen die deutschen Titelverteidigerinnen klarer Außenseiter. Doch schon nach wenigen Spielminuten scheinen die Südamerikanerinnen, die alle nur bei ihrem Vornamen genannt werden, fast immer einen Schritt schneller zu sein als ihre Gegnerinnen, und dem unglücklichen Innenpfostenschuss von Daniela in der 24. Minute fehlen nur wenige Millimeter zur längst verdienten brasilianischen Führung.

Die Stimmung im ausverkauften Stadion macht sich in zahllosen bunten La-Ola-Wellen Luft, und ich muss lächeln, als ich sehe, dass auch mein chinesischer Freund zu einem festen Bestandteil dieser Wellen geworden ist.

In der zweiten Halbzeit scheint der durchaus haltbare Schuss zum 1:0 für das deutsche Team durch Rekordnationalspielerin Birgit Prinz dem Spiel nach 52 Minuten dann aber doch wieder die erwartete Richtung zu geben. Als 12 Minuten später Torhüterin Nadine Angerer auch noch einen Elfmeter von Weltfußballerin Marta pariert, ist der brasilianische Widerstand endgültig gebrochen. Simone Laudehrs Kopfball zum 2:0 Endstand vier Minuten vor dem Abpfiff macht die Mannschaft von Trainerin Silvia Neid zum ersten Team in der WM-Geschichte, das seinen Titel verteidigen kann.

„Sensationssymphonie", höre ich Hamlet rufen, „und stell' dir vor, Meister, im Verlauf des gesamten Turniers haben die Mädchen hier in China nicht ein einziges Gegentor kassiert." Ich bin beeindruckt von so viel unerwartetem Fachwissen und freue mich mit ihm, dass die deutschen Fußballerinnen neben dem WM-Titel offenbar auch noch einen neuen chinesischen Fan für sich gewonnen haben.

Noch lange nach dem Schlusspfiff feiern wir mit den 31.000 überwiegend frohgemuten Zuschauern ein hochklassiges und spannendes WM-Finale, und auch nach der Siegerehrung mit Nationalhymne, Feuerwerk und Konfetti-Regen bleiben wir auf unseren Tribünenplätzen im inzwischen fast leeren Stadion sitzen. Während die Reinigungstruppe bereits mit ihrer gründlichen Arbeit begonnen hat, bin ich ganz bewusst dankbar für diesen Abend, für eine geschenkte Gegenwart, die ich früher so oft als selbstverständlich angenommen habe.

„Der Große Wagen hängt da vorne schräg über dem Fernsehturm", sagt Hamlet wohl mehr zu sich selbst, als er weit nach Mitternacht verträumt am großen Panoramafenster unseres Hotelzimmers sitzt und den hellen Sternenhimmel studiert. „Für die Chinesen ist der Große Wagen übrigens ein Großer Löffel", fügt er hinzu, „wahrscheinlich weil sie so viel und so gerne essen."

Ich mag seinen gelegentlichen Humor wirklich sehr, bin aber nach diesem anstrengenden Tag viel zu müde für Sternbilder und Fernsehtürme und schlafe wenig später bei einer Reportage über irgendeine wichtige Regierungsentscheidung mit der sympathischen Stimme von Chinas Premierminister Wen Jiabao ein.

2. Von Shanghai nach Guilin

Heute ist der chinesische Nationalfeiertag, denn am 1. Oktober 1949, vor 58 Jahren also, wurde von Mao Zedong die Volksrepublik China gegründet. Man begeht den Nationalfeiertag mit bunten Paraden, Feuerwerk und Feiern im Kreis der Familie, und für die meisten Staatsbürger schließt sich eine arbeitsfreie Woche an.

Der Abschied von unserem ersten großen Reiseziel wird auch an diesem Morgen wieder von der inzwischen vertrauten Shanghaier Morgensonne hinter Milchglas begleitet.

Morgensonne hinter Milchglas. Wie oft schon ist mir mein Leben nach dem Unfall genau so vorgekommen, genau so, wie ein helles Licht hinter Milchglas, wie ein Dasein, das nur noch reduziert geben und erleben kann, eingeschränkt in seiner Ausstrahlung und in seiner Wahrnehmung vor allem durch den ständigen Schmerz, der alle Farben trübt und jede Gegenwart hartnäckig überlagert.

Genau so trübe hängt die Sonne über der erwachenden Stadt, und zähes flüssiges Licht rinnt zwischen die aalglatten Häuserreihen.

Noch einmal blicke ich an unserem großen Panoramafenster hinunter auf die mächtige Silhouette von Shanghai, auf die Prachtfassaden der Hochbauten des internationalen Jetsets, auf die weiten Straßenschluchten, die tiefe Furchen in das Stadtbild schlagen, auf die langen Autoschlangen im oftmals stadtweiten Stau, auf die flimmernde Dunstglocke ihrer Abgase.

Und wie ich meine Gedanken auch loslasse, sie hinaussende in das dichte Gewölk der Häuser, tief hinab in die belebten Fußgängerzonen und Gassen, hinein in die Einkaufszentren, die Bars und Restaurants, bis zu den Menschen, den Gesichtern, die das alles mit Leben füllen, immer weiß ich doch schon im selben Moment, dass ich es nie fassen werde, dieses gewaltige Shanghai, nie ganz verstehen werde, welche Mechanismen diesen gigantischen Motor am Laufen halten, wie die Einzelteile gewichtet sind und welche Rolle ihnen im Ganzen zukommt.

In dem beruhigenden Bewusstsein, von mir keine tiefere Einsicht zu erwarten, keine konsequent verwertbare Erfahrung, gefiltert aus wieder mal unglaublich schnell vergangenen fünf Tagen meines Lebens, will ich das Erlebte einfach nur festhalten. Und ich will wachsam sein und nach der Rückkehr zu Hause anderen niemals genau erklären, wie Shanghai ist.

Denn ich kenne nur das Shanghai meiner Erfahrung und nur davon kann ich berichten. Ein anderes, das echte, wirkliche Shanghai, werde ich wohl nie begreifen.

Gegen 11.30 Uhr machen wir uns, nun wieder mit dem gesamten Reisegepäck beladen, auf den rund dreistündigen Weg nach Hangzhou.

Sun, unseren stets gut gelaunten Fahrer, haben wir mit seinem Kleinbus auch noch für die kommenden drei Tage engagiert. Längst hat er Ham die tragende Rolle abgenommen, mich aus dem Rollstuhl auf den Beifahrersitz im Bus zu heben. Der nicht ungefährliche Bewegungsablauf, wenn er mich die zwei steilen Stufen hinauf in sein Fahrzeug trägt, wird von Sun im weißen Muscle-Shirt inzwischen geradezu zelebriert. Und da sich chinesische Neugierde offenbar nicht verstecken muss, gibt es fast immer ein paar interessierte Zuschauer, die Suns sportliche Vorführung zustimmend begutachten.

Die Nutzung der Autobahn kostet natürlich auch heute wieder Geld, und zwar nicht gerade wenig. Das hat zur Folge, dass sich nur eine überschaubare Anzahl von Fahrzeugführern diesen Reiseluxus leisten kann. Diejenigen allerdings, die genügend Geld haben und trotz der Kosten den schnelleren Weg wählen können, benehmen sich, als hätten sie mit der Maut gleichzeitig auch das Recht gekauft, nahezu alle geschriebenen Verkehrsregeln zu missachten.

Sun, der das chinesische Autobahnfahren glücklicherweise bestens beherrscht, ist hellwach und hochmotiviert und rutscht auf seinem Fahrersitz ständig hin und her.

Da ich in der vergangenen Nacht sehr unruhig geschlafen habe, versuche ich, auf der Fahrt ein bisschen nachzuholen, als mir plötzlich ein panischer Schrecken durch die Glieder fährt.

Während Sun gerade einen nur sehr langsam fahrenden Wagen überholt, erkenne ich im offenen Fahrerfenster dieses Autos die Silhouette eines kahlgeschorenen Chinesen, dessen Kopf bewegungslos auf dem linken Oberarm ruht.

Der Arm hängt schlaff und leblos über der Fahrertür herunter, und ich zweifele keinen Moment lang daran, dass der Mann völlig übermüdet am Steuer eingeschlafen ist.

Das alles geschieht in Sekundenbruchteilen, so filmhaft und so schnell, dass ich noch nicht einmal Zeit finde, Sun darauf aufmerksam zu machen, damit er hupt oder sonst irgendein Zeichen von sich gibt, das den Glatzkopf wecken und vor dem sicheren Tod bewahren könnte.

Erst als wir nach dem Überholvorgang wieder auf die rechte Spur zurückwechseln, erkenne ich beim Blick durch die große Heckscheibe unseres Busses, genauso unvermittelt wie zuvor, was meinen großen Schrecken zur kleinen Anekdote werden lässt.

Der überholte Wagen, der uns vorbildlich in eine langgezogene Linkskurve folgt und dessen Chauffeur die entspannte Gesellschaft eines tief schlafenden Beifahrers genießen darf, ist ein silberfarbener Vauxhall Meriva, ein durch und durch britisches Modell.

Bei einem längeren Tank- und Mittagessenstopp auf einem belebten Autobahnrastplatz fällt mir bei der Lektüre der *China Daily* ein Artikel auf, in dem wiederholt von der „abtrünnigen Provinz Taiwan" die Rede ist. Hamlet hat das bemerkt und hat offenbar große Lust zu erklären.

„Als die Kuomintang, also die Republikaner, den chinesischen Bürgerkrieg 1949 gegen die Kommunisten unter Mao Zedong endgültig verloren hatten", doziert mein Geschichtslehrer bei Tee und Gebäck, „folgten mehr als 2 Millionen Anhänger ihrem Führer Chiang Kai-shek auf die größte chinesische Insel Taiwan und gründeten dort die *Republik China*. Die wird aber seitdem von nur ganz wenigen Staaten anerkannt und gehört laut chinesischer Verfassung als 23. Provinz auch weiterhin zur großen *Volksrepublik China*."

„Ich glaube", fährt Ham mit ungewohnt harter Stimme fort, „dass Chiang Kai-shek immer nur an sich selbst dachte und nicht an das chinesische Volk. Als zum Beispiel die Japaner zu Beginn der 30er Jahre im Norden Chinas einmarschierten, zog dieser Teufel seine Truppen dort zurück, um sich auf den Kampf gegen Maos Kommunisten, immerhin seine Landsleute, zu konzentrieren. Später musste er dann von seinen eigenen Leuten gekidnappt und gezwungen werden, gemeinsam mit den Kommunisten gegen die Japaner zu kämpfen."

Hamlet hat sich in eine deutlich spürbare Erregung hineingeredet, und spätestens in dem Moment, als er Chiang Kai-shek einen „Teufel" nannte, ist mir klargeworden, dass mein Freund ein noch lange nicht verarbeitetes Feindbild mit sich herumträgt.

Glücklicherweise gelingt es mir bald, ihn mit meinen Fragen zu den chinesischen Sonderverwaltungszonen Hongkong und Macao abzulenken, so dass wir, als Sun mit dem vollgetankten Wagen vorfährt, in entspannter Atmosphäre weiterreisen können.

Da wir gegen 15 Uhr bei wunderschönem Herbstwetter in der großen Provinzhauptstadt Hangzhou ankommen, ist noch genügend Zeit für eine Bootstour auf dem panoramareichen Westsee, der laut meinem Reiseführer zu den ganz besonderen Touristenattraktionen in China zählt.

„Oben ist der Himmel", verkündet Ham und zitiert damit eine bekannte chinesische Redewendung, „und unten sind Suzhou und Hangzhou".

Als wir auf dem großen Parkplatz am See endlich eine kleine Lücke gefunden haben, was am Nationalfeiertag aufgrund der vielen Urlauber nicht gerade einfach ist, nimmt mich die Atmosphäre sofort gefangen. Alles wirkt wie ein riesengroßer bunter Jahrmarkt vor einer Traumkulisse aus Wasser und Bergen, von der Nachmittagssonne in ein goldenes Licht gerückt.

Die schmalen, teilweise überdachten Holzboote an den zahlreichen Anlegestellen sind zwar äußerst malerisch, wirken allerdings auch sehr wackelig und instabil in ihrem ständigen Hin- und Herschaukeln und sind damit natürlich kaum für Rollstuhlfahrer geeignet.

Mit Hilfe des Bootsführers, der sich um meinen Rollstuhl kümmert, während Hamlet und Sun mich gemeinsam auf Händen tragen, gelangen wir aber doch alle unversehrt auf das kleine Boot.

Wieder mal passiert hier gerade etwas ganz Besonderes, das ich mit meiner Behinderung eigentlich kaum für möglich gehalten hätte, schießt es mir durch den Kopf, als wir neben vielen anderen Schiffen langsam durch das klare blaue Wasser fahren.

Nochmal zum Mitschreiben: Ich bin tatsächlich in China, in Hangzhou, der Hauptstadt der Provinz Zehjiang, und vor einem wunderschönen Bergpanorama sitze ich in meinem Rolli in einem gondelähnlichen Holzboot, das in der warmen Nachmittagssonne über den malerischen Westsee gleitet.

Noch eine *Sensationssymphonie aus der neuen Welt* würde Ham das jetzt vermutlich wieder nennen, aber er verschont die Gegenwart mit seinen Aussprüchen und träumt vorne auf dem Bug gerade sicher seinen eigenen Traum.

„Leben gefällt mir", gesteht er später beim Abendessen auf der großen Hotelterrasse, „auch solche Nächte ohne Mondschein, auch diese Stille ohne Vogelstimmen und der Duft aus Rosen und gemähtem Gras."

Wo er das wohl wieder her hat, dieser verträumte Chinese?

Schweigen ist Gold, denke ich leise. Und Reden, mein lieber Hamlet, Reden manchmal auch.

Wenig später wird er dann nachdenklich, fast philosophisch, und bringt mich damit, sicher ungewollt, auf falsche Gedanken.

„Kurz vor der Geburt unseres Sohnes", doziert er beim Nachtisch, „glaubte ich zum ersten Mal in meinem Leben, die Zukunft zu kennen, genauer gesagt nicht die Zukunft, sondern das Ende einer Vergangenheit, die in keine Gegenwart mehr mündet."

Ich nicke, auch wenn ich nicht immer gleich verstehe, was er meint, mein chinesischer Hobby-Philosoph.

„Das Ende einer Vergangenheit, die in keine Gegenwart mehr mündet ...", so ähnlich, glaube ich, obschon mit ganz anderen Vorzeichen, war das auch damals nach dem schrecklichen Unfall in Kenia.

Ein lauter Schlag weckte mich plötzlich auf. Vor mir sah ich unseren Fahrer, wie er hilflos am Steuer ruderte und versuchte, den wild schwankenden Jeep wieder unter Kontrolle zu bringen. Vergeblich. Der Wagen wurde hart von der Straße gedrängt und raste nahezu führerlos in die leicht abschüssige rotbraune Savanne. Dann überschlug er sich mehrmals, und ich verlor das Bewusstsein.

Rund zwei Monate später wachte ich in Krankenzimmer 2 der Berufsgenossenschaftlichen Unfallklinik in Duisburg wieder auf.

Diese Afrika-Reise war ein Geschenk für meinen Vater, mit dem wir ihn am 14. Mai zu seinem runden 70. Geburtstag überrascht hatten.

Gemeinsam mit seinen zwei „Söhnen", mit Elmar, meinem besten Freund aus Kindertagen, und mit mir, seinem einzigen leiblichen Sohn, hatte mein Vater den Mut gefasst, zum ersten

Mal in seinem Leben die europäische Heimat zu verlassen und in Kenia eine mehrtägige Safari-Tour zu unternehmen.

„Safari", hatte David, unser Führer, uns bei einem kurzen Treffen am Tag zuvor erklärt, „‚Safari' ist ein Wort aus der Swahili-Sprache und bedeutet ‚Reise'."

Ungezählte Male hatte Winnie, so der Spitzname meines Vaters, mit seinem kleinen Jungen in glücklichen Kindertagen Zoologische Gärten oder Tierparks besucht, und in der Erinnerung sehe ich seine leuchtenden Augen vor mir und höre seine warme vertraute Stimme, die mir spannende Geschichten von Koalabären, Nilpferden und Schimpansen erzählt.

Früh um 5 Uhr waren wir in unserem Ferienclub *Baobab* am Indischen Ozean aufgebrochen, sieben Gäste und zwei schwarze Safariführer, um die kommenden Tage im kenianischen Nationalpark *Tsavo-West* vor dem Panorama des Kilimandscharo zu verbringen.

Ich hatte diese Safari schon ein Jahr zuvor mit meinem Freund und ZDF-Kollegen Nils unternommen und durfte mir daher sicher sein, dass die kommenden Stunden und Tage für meinen Vater unvergesslich sein würden.

Immer fest im Gedächtnis geblieben war mir der mächtige Kilimandscharo, ein einzelner riesiger Berg, der sich in der frühen Abenddämmerung quer über die Landschaft legt, während goldene Sonnenstrahlen spielerisch die wenigen Wolken über dem Gipfel durchbrechen. Vor diesem Vorhang aus Licht durcheilen fünf Giraffen parallel zu unserem Jeep die Steppe, aber sie laufen nicht, diese grazilen und doch so kräftigen Tiere, sondern sie tanzen, sie schweben geradezu über dem Boden mit ihren so zerbrechlich wirkenden, ewig langen Beinen. Als wir ein Dorf erreichen mit verfallenen Hütten aus Holz und Blech, biegen sie ab in die endlose Weite und verschwinden bald in den hochwirbelnden Wolken aus Sand und Staub.

So war das gewesen, damals, vor gut einem Jahr.

Ein sehr stiller Morgen sei es heute, fand mein Vater, der neben mir im Jeep mit großen Augen aus dem verschmierten Autofenster schaute, ein stiller Morgen mit diesem vagen Versprechen, das der heranbrechende Tag im Licht der ersten Dämmerung birgt.

Ich nickte beiläufig, war viel zu müde für anspruchsvolle Dialoge und schlief bald darauf, tief in meinen Sitz gekauert, ein.

Meine Mutter hatte „ihre Männer" nicht ohne heimliche Sorge nach Kenia reisen lassen. Afrika war viel zu fremd, war viel zu weit weg, um harmlos zu sein.

Sie wollte nicht alleine bleiben, fuhr zu Elmars Frau und Kindern nach Lüneburg, wo sie dann am Telefon an einem Samstagvormittag das erfahren musste, was sie sich schlimmer kaum hätte vorstellen können.

Als ich das letzte Mal auf meine Armbanduhr schaute, zeigte sie kurz vor acht. Da ich, übermüdet nach einer kurzen Nacht, wenig später wieder einnickte, kann ich das Folgende nur aus Erzählungen wiedergeben.

Auf der rund 400 Kilometer langen Fernstraße von Mombasa nach Nairobi scherte ein drängelnder Überlandbus an einer unübersichtlichen Stelle nach rechts aus, um unseren Jeep zu überholen, sah sich plötzlich einem entgegenkommenden Fahrzeug gegenüber und drängte uns, wieder nach links einschwenkend, nach einer lauten Kollision von der unbefestigten Straße. Unser Jeep war nicht mehr zu manövrieren und überschlug sich mehrmals, bevor er zwischen wilden Sträuchern im roten Sand der Savanne auf der Fahrerseite zu liegen kam.

Für vier Menschen, darunter auch mein Vater, kam jede Hilfe zu spät. Sie starben am 26. November 1994 morgens gegen 8.15 Uhr rund 60 Kilometer nordwestlich von Mombasa.

Die anderen fünf Schwerverletzten, darunter auch Elmar und ich, wurden nach und nach in vorbeikommenden Personenwagen in das nächste größere Krankenhaus nach Mombasa gebracht.

Da ich im Moment des Unfalls geschlafen hatte und auch danach aufgrund schwerer Kopfverletzungen nicht aufwachte, wurde mir das Wissen um das grausame Ereignis zunächst durch ein zweimonatiges Koma erspart.

Erst als ich dann Ende Januar 1995 in der BG-Unfallklinik in Duisburg wieder aufwachte, wurde ich von Familie, Freunden und Psychologen ganz langsam mit dem Geschehenen vertraut gemacht.

Ich musste lernen, dass mein geliebter Vater schon seit gut zwei Monaten tot war, dass er längst aus Kenia überführt und an einem sonnigen Dezembertag in Kevelaer, seiner Heimatstadt am Niederrhein, beigesetzt worden war.

Elmar hatte schwere, aber reparable Verletzungen erlitten, so dass er nach geraumer Zeit sein vertrautes Leben in Familie und Beruf wieder aufnehmen konnte.

Und ich würde für den Rest meines Lebens querschnittsgelähmt sein. Das Röntgenbild, aufgenommen in Mombasa noch am Tage des Unfalls, zeigte eine komplett durchtrennte Wirbelsäule, deren Enden gut drei Zentimeter auseinanderstanden.

Nur ganz langsam wurde mir bewusst, was das bedeutete. Nie mehr laufen können, nie mehr Tennis und Volleyball spielen, nie mehr tanzen, nie mehr ohne Rollstuhl sein, nie mehr ...

Meine medizinische Identität nennt sich *Paraplegiker*, die Wirbelsäule ist unterhalb des zwölften Brustwirbels durchbrochen, das Rückenmark komplett durchtrennt. Meine Beine spüre ich nicht mehr, der Kontakt ist für immer zerstört. Blase und Darm funktionieren nur noch mit Hilfsmitteln, dasselbe gilt auch für die Sexualität.

Es war das Endgültige, das mich verzweifeln ließ, monatelang. Ich wollte nicht mehr leben, wäre dankbar gewesen für eine Überdosis von irgendeinem todbringenden Medikament, bat Klaus, meinen Freund und Polizisten, mir doch bitte irgendeine geladene Waffe zu besorgen, mein Dasein war zerstört, ich fühlte mich als ein verdammter Krüppel ohne Zukunft.

Ich hatte meinen Vater geliebt, er war spätestens in Studienzeiten zu meinem besten Freund geworden. Und ich werde niemals unsere Vater-und-Sohn-Tour im Sommer 1991 vergessen, eine sonnige Autoreise über Chausseen und Landstraßen des neuen alten Ostens, die vertraute Orte aus seiner Soldatenzeit miteinander verbanden, Pasewalk, Anklam, Wolgast.

Der Kassettenrecorder im Auto spielte Musik von Genesis und Supertramp, von Beethoven und Ravel, während Vater und Sohn Autobiographisches voneinander erfuhren, Geschichten aus den geheimen Schatztruhen der Erinnerung, Geständnisse, mitgeteilt in Nebensätzen und ohne falsche Festlichkeit, die oftmals Trennendes verrieten und uns doch verbanden.

Ich vergesse nicht, für diese Momente dankbar zu sein, dankbar dafür, meinen Vater zum Freund gehabt zu haben.

Aus dem zweimonatigen Koma war ich in einer fremden Welt aufgewacht. Meine Beine fühlte ich nicht mehr und konnte sie nicht mehr bewegen, mein Kopf war wirr und fand oftmals nicht die richtigen Worte (aus „Thrombose" wurde „Metamorphose", statt „Schießscharte" sagte ich „Gewehrlöcher").

Und am Schlimmsten waren die fürchterlichen Schmerzen, die ich in beiden Beinen spürte, sogenannte *Phantomschmerzen*, die, allen Therapien zum Trotz, bis heute ihren festen Platz in meinem Leben behauptet haben.

Frühling über Duisburg. Die Sonne scheint hell und warm auf meine blasse Krankenhaushaut. Ich sitze in einem vollbesetzten Straßencafé an einem kleinen Holztisch, vor mir ein großer Milchkaffee und eine gebundene Ausgabe von Max Frischs „Mein Name sei Gantenbein".

Zum ersten Mal seit mehr als fünf Monaten haben mich zwei Krankenpfleger aus der BG-Unfallklinik in die Duisburger Innenstadt gefahren, vermutlich ein erster Schritt zur „Resozialisierung des Patienten Bergmann".

Ich fühle mich noch sehr fremd in meiner neuen Rolle als „Schwerbehinderter", spüre unverholen neugierige Blicke auf mir und auf meinem Rollstuhl und verstecke mich erst mal hinter meinem Buch. „Ich stelle mir vor ..."

Als ich nach längerer Zeit aufschaue, wird mein Blick von den Augen einer jungen Frau gefangen, die mir gegenüber zwei Tische weiter ebenfalls alleine sitzt und mit einem offenen Lächeln zu mir herübersieht.

Ich bin verlegen, kann ihre plötzliche Nähe nicht einordnen und tauche schnell wieder ab in die vertraute Sicherheit meines Romans. „Ich probiere Geschichten an wie Kleider ..."

Doch jedes Mal, wenn ich aus meiner Lektüre in die Gegenwart zurückkehre, treffe ich auf diese großen leuchtenden Augen schräg gegenüber, die mich anschauen, als würden wir uns schon jahrelang kennen.

Die Situation bleibt mir fremd, ich kenne keine Spielregeln und mein „Gantenbein" ist die letzte Rettung.

Dann plötzlich, und ich werde diesen Moment wohl nie vergessen, sehe ich zwei feingliedrige Hände, zu Fäusten geballt, die sich unmittelbar vor mir auf meinen Tisch stützen, und entlang zweier hell gebräunter Arme gleitet mein Blick weiter hinauf, bis er von jenem Gesicht festgehalten wird, das ich von schräg gegenüber her kenne, festgehalten von diesen großen leuchtenden Augen, die mich anstrahlen, als wären wir uns schon seit langem vertraut.

„Schade", sagt freundlich ein rosaroter Mund, „zum Flirten hattest du heute wohl gar keine Lust, oder?!"

Und als ich verlegen schweige: „Na ja, wer weiß, vielleicht beim nächsten Mal ..."

Als sie sich dann mit einem letzten Lächeln umdreht und in Richtung Bushaltestelle schlendert, bleibe ich an meinem Tisch zurück wie ein kleiner Nachhilfeschüler, der die schwierige Tageslektion noch nicht richtig verstanden hat.

Erst viel später, längst wieder zurück in der Klinik im vertrauten Krankenzimmer 2, wird mir die Bedeutung dessen klar, was da an diesem hellen Frühlingsnachmittag in einem Duisburger Straßencafé passiert ist.

Zum erstenmal seit dem Unfall hat mir eine fremde Frau das Gefühl gegeben, im Rollstuhl nicht immer nur noch als Behinderter wahrgenommen zu werden, als „armer Kerl", dem man mitleidig die Hand auf die Schulter legt, sondern hin und wieder doch auch noch als „Maskulinum", als ein junger Mann, mit dem es einer jungen Frau Spaß machen kann, in einem Duisburger Straßencafé von schräg gegenüber einen Nachmittag lang zu flirten.

Er war mein zuverlässiger Begleiter, dieser immergleiche Traum, während der ersten Duisburger Monate. Er kam und ging in unregelmäßigen Abständen und ließ mich beim Aufwachen immer völlig erschöpft und wehrlos zurück.

Jedes Mal wieder fahre ich auf einer Autobahn, die durch die kenianische Steppe führt. Ich bin allein im Wagen, auf einer dreispurigen Autobahn mit Ampeln, Fußgängerüberwegen und

Kreisverkehr. Rechts und links der Fahrbahn laufen Elefanten, Zebras und Giraffen, die für mich aber Kulisse bleiben.

Über allem strahlt hell die ostafrikanische Sonne, und ich spüre dieses Licht in mir, dieses unglaublich helle Sonnenlicht, in das ich willenlos eintauche.

Meine Augen sind weit geöffnet wie in einem großen Erstaunen, während ich mir selbst entgleite, Tacho bei 260 km/h, berauschende Geschwindigkeit, mit der ich dem Augenblick entfliehe.

Und in einem wilden, haltlosen Taumel, der meinen Fuß das Gaspedal ganz durchdrücken lässt, mechanisch und in vollem Bewusstsein der fliehenden Geschwindigkeit, rase ich geradeaus hinein in das leuchtende Sonnenrot, das wie frisches Blut im Horizont versickert, immer weiter geradeaus, rase geradeaus noch in einer langgezogenen Rechtskurve, die ich längst nicht mehr wahrnehme, rase immer weiter geradeaus, mitten hinein in die untergehende Sonne, in dieses lodernde Flammenmeer, in diese tonlose Explosion aus Licht, die mich mit meinem letzten Schrei ganz in sich aufnimmt.

Als draußen vor dem Fenster von Krankenzimmer 2 die ersten Kirschblüten den niederrheinischen Frühling ankündigen, findet meine so unglaublich starke Mutter den Mut, mir am Krankenbett zu beichten, dass ihr vor ein paar Tagen ein bösartiger Tumor aus der Brust entfernt werden musste.

Die anschließenden Bestrahlungstermine in Essen kann sie immerhin mit Besuchen bei mir in Duisburg verbinden.

Der Vater tot, die Mutter schwer krebskrank und der einzige Sohn für den Rest seines Lebens querschnittsgelähmt – wo ist da der liebe Gott, den wir zu Hause in meiner Kindheit und Jugend immer bei uns hatten, mit dem vor allem meine Eltern ein Leben lang so eng verbunden waren, wo verdammt noch mal ist er geblieben, dieser „liebe" Gott?

„Tendenz negativ", hatte Martina auf die Frage ihres Vaters geantwortet, wie es denn mit der Beziehung zu ihrem langjährigen Freund Marcel so stehe. Das war kurz vor unserer Abreise nach Kenia, und die Einsilbigkeit von Martinas Antwort ließ auf ein wenig erfreuliches Thema schließen.

Wir hatten uns vor mehr als acht Jahren im *Canossa*, der Universitätsdiscothek in Saarbrücken, kennengelernt, hatten die intensive Zeit des Erwachsenwerdens miteinander erlebt, uns gegenseitig reicher gemacht durch unsere Gemeinsamkeiten und Unterschiede, waren längst heimliche Schwiegerkinder in beiden Familien.

Doch in den zurückliegenden Monaten hatten wir uns spürbar auseinandergelebt, unterschiedliche Freundeskreise waren entstanden, Martina studierte in Landau, ich hatte in der Sportredaktion des ZDF in Mainz einen festen Platz gefunden, und das Trennende nahm immer weiter zu.

Mit der Nachricht vom Unfall aber fand Martina, allen negativen Tendenzen zum Trotz, sofort wieder zurück in ihre Rolle als fester Bestandteil unserer Familie, reiste noch am selben Tag zu meiner Mutter nach Kevelaer, hielt ihr wochenlang in allen organisatorischen Dingen den Rücken frei und rettete sie mit ihrer positiven Ausstrahlung vor dem drohenden Sturz ins Bodenlose.

Mir schenkte sie am Krankenbett ihre hundertprozentige Aufmerksamkeit, ihre Liebe, ihr Mitgefühl und vor allem ihren umwerfend großen Optimismus, der noch im traurigsten Elend den Mut zum Lachen fand.

Meine Krankengeschichte las sich wie ein zäher Fortsetzungsroman. Immer wieder tauchte ein neues Kapitel auf, und meine Lust an diesem Leben war irgendwo zwischen den Zeilen verlorengegangen.

Da auch der fünfte und sechste Halswirbel bei dem Unfall gebrochen waren, musste ich mehr als zwei Monate lang einen Halo-Fixateur zur äußeren Fixierung der Halswirbelsäule tragen. Diese nüchterne Stahlstangen-Konstruktion war mir auf den Kopf geschraubt worden und machte ihn mehr oder weniger unbeweglich, so dass die Wirbelsäule an dieser Stelle ohne den gefährlichen operativen Eingriff wieder zusammenwachsen konnte. Wenn im dortigen Rückenmark ein neurologischer Schaden verursacht worden wäre, dann hätte ich auch meine Arme und Hände nicht mehr richtig bewegen können.

Meine kompliziert gebrochene rechte Hand war wochenlang eine Ruine, ich konnte weder eine Zahnbürste noch einen Stift alleine festhalten. Erst nach Monaten und nach einer täglichen Dosis elektronischer Stromstöße gelang es mir, die Hand wieder einigermaßen zu öffnen und zu schließen.

Eine Thrombose im linken Bein zwang mich bald schon zurück auf die Intensivstation. Blutverdünnende Medikamente, Druckverbände und regelmäßige Bewegung der gelähmten Beine durch die Krankenpfleger schenkten diesem Kapitel gut einen Monat später sein Ende.

Dann verkalkten meine Hüftknochen, ein seltener Fall, aber möglich bei der Kombination von Querschnittslähmung und Schädel-Hirn-Trauma. Noch am Tag der Diagnose mussten meine Beine angewinkelt auf eine quadratische Holzkiste gelegt werden, damit der unvermeidbare Verkalkungsprozess in dieser sitzenden und nicht liegenden Stellung vor sich geht. Auf diese Weise würde ich nach Abschluss der *Ossifikation*, der in diesem Fall ungewollten Bildung von Knochengewebe, wenigstens im Rollstuhl sitzen können, was bei normaler Rückenlage nicht mehr möglich gewesen wäre. Im Bett lag ich daraufhin mit zwangsweise angewinkelten Beinen meist auf der rechten oder linken Seite und schlief in einer Stellung, die an die eines übergroßen Embryos erinnert.

Knapp zwei Jahre später, im November 1996, werden in der Orthopädischen Uni-Klinik in Heidelberg meine verkalkten Hüften in einer mehr als fünfstündigen Operation mit Hammer und Meißel bearbeitet. Ich stelle mir das ungefähr so vor wie die Arbeit eines Steinmetzes oder Bildhauers, der aus der groben Form etwas Feines, Strukturiertes herausarbeitet.

Leider kommt es während der OP in meiner linken Hüfte zu einer Komplikation, und sie bricht an einer schwachen Stelle entzwei. Das hat zur Folge, dass mein linkes Bein nun rund anderthalb Zentimeter kürzer ist als das rechte.

Ich weiss, dass es Schlimmeres gibt, und freue mich über die wiedererlangte Beweglichkeit meiner Hüften. Vor allem das Liegen ist nun ungleich angenehmer. Zum ersten Mal nach dem Unfall kann ich wieder auf dem Bauch schlafen.

In jedem dieser bunten Krankenkapitel sind auch sie stets dabei, rund um die Uhr und aggressiv jede Gegenwart bestimmend: Meine Phantomschmerzen, irgendwo da unten in den Beinen, rund um die Uhr, wie gesagt, und auch von immer neuen Schmerzmittelkombinationen nicht zu kontrollieren oder gar zu besiegen.

Sie gehören zu mir wie meine Nase oder meine Ohren, diese ständigen Schmerzen irgendwo in den Beinen, in denen ich doch eigentlich gar nichts mehr spüren kann, meine oft kaum mehr zu ertragenden Schmerzen, die ich erst in diesem sehnsüchtig herbeigewünschten schwarzen Loch des Schlafes für kurze Zeit vergessen kann, die aber schon beim Aufwachen jedes Mal wieder geduldig auf mich warten.

Die Tage waren oft lang in Krankenzimmer 2, der Kopf suchte irgendeinen Inhalt, und ich erfand oft ein anderes Leben. Meine phantastische Vorstellung: Rollentausch mit den Wolken.

Ich schwebe irgendwo am weiten Himmel, ohne Raum und Zeit, vor allem aber ohne Erinnerung, ohne Gefühl und ohne Tragödie, in tausend Metern Höhe, eine schneeweiße Wolke, frei von persönlichem Schicksal, von hehren Überzeugungen, die ohnehin niemand teilt, schon gar nicht das Leben, so also schwebe ich, schwebe und schaue hinab auf diese kleine Welt in ihren schwarzweißen Farben, und wenn ich es nicht genau wüsste, würde ich es nicht für möglich halten, ich würde mich geradezu weigern zu glauben, dass irgendjemand dort unten sein eigenes Schicksal für den Nabel des Universums halten könnte.

Fast täglich kamen Kollegen und Freunde vom ZDF zu Besuch, um mir Mut zu machen. Karl Senne, der in dieser Zeit der Leiter der ZDF-Hauptredaktion Sport war, brachte mir einen Videorecorder, damit ich samstags immer das *Aktuelle Sportstudio* aufzeichnen konnte, um es anschließend schriftlich zu beurteilen und die Kritik für die große Montagssitzung dann nach Mainz zu faxen.

Zur Zeit des Unfalls war ich nicht mehr und nicht weniger als ein *Freier Mitarbeiter* in der Hauptredaktion Sport des ZDF, ohne Verpflichtungen, aber auch ganz ohne Ansprüche gegenüber meinem Arbeitgeber.

Nach dem „privaten" Unfall wäre ein großer Blumenstrauß an meinem Krankenbett von Seiten des ZDF ausreichend gewesen, dazu vielleicht noch ein kurzes, von allen unterzeichnetes Schreiben, in dem man mir viel Kraft und Glück für mein weiteres Leben wünscht.

Stattdessen wurde ich fast täglich von meinen Kollegen aus Mainz besucht, und schon kurz nach dem Aufwachen aus dem Koma wartete mein Kollege Dieter Kürten einen ruhigen Moment ab, um mir mit einer besonderen Nachricht Mut zu machen: „Mein lieber Marcel, wir möchten gerne, dass du bei uns bleibst. Wir werden dich nach deiner Entlassung aus der Klinik im ZDF fest anstellen."

Meine Mutter hatte Tränen in den Augen und hielt meine Hand. Zwar hatte ich noch lange Zeit keine Lust auf Zukunft, aber hier war doch ein erster kleiner Strohhalm, an dem wir uns hin und wieder festhalten konnten.

„Die ganz wichtigen Dinge des Lebens spielen sich im Kopf und im Herzen ab", erklärte mir der Psychotherapeut, der mich tagtäglich besuchte und von Anfang an gegen meinen ständigen Wunsch zu sterben ankämpfte. „Und im Kopf und im Herzen, mein lieber Marcel, können Sie auch nach ihrem Unfall noch genauso reich sein wie ein Nichtbehinderter, vielleicht sogar noch reicher."

Durchhalteparolen, monatelang waren das nichts anderes als Durchhalteparolen für mich, und ich wünschte diesen sympathischen Therapeuten oftmals zum Teufel.

„Es ist der Kranke in Ihnen, der tot sein will", sagte er mir oft, und ich antwortete ihm dann, dass es nicht der Kranke sei, der tot sein wollte, sondern der verdammte Krüppel.

Dass meine Mutter, meine Freundin und mein Patenonkel fast ständig an meinem Krankenbett waren, nie aber mein Vater, hatte mich zunächst kaum beschäftigt.
 Zu viel anderes hatte sich in den Weg gestellt, die Folgen des langen Komas waren noch zu frisch, Medikamente und Schmerzen hatten jede Gegenwart bestimmt.
 Trotzdem war ich kaum überrascht, als Heribert, mein Patenonkel und jüngster Bruder meines Vaters, irgendwann Anfang Februar den Mut fasste, mich mit der tödlichen Wahrheit vertraut zu machen.
 „Marcel, du weißt, dass Winnie nicht mehr lebt, nicht wahr?!" Und nach meinem wortlosen Nicken: „Und du weißt auch, dass ich jetzt mehr denn je für dich da sein werde. Du gehörst zu unserer Familie, zu meinen eigenen Kindern."

Oft noch sehe ich das ergriffene Gesicht meines Patenonkels vor mir, und dieser traurige, aber auch Mut machende Moment in Krankenzimmer 2 der BG-Unfallklinik in Duisburg hat sich mir sehr tief eingeprägt. Für mich war es ein weiterer wichtiger Halt in einer noch völlig fremden Zukunft.

Hamlets Wunsch, das Tempelkloster Lingyin Si, ein imposantes buddhistisches Heiligtum, noch vor unserer Abreise zum Huangshan, dem laut Reiseführer „schönsten Berg Chinas", zu besuchen, zwingt uns schon früh aus den Betten. Doch sind wir an diesem hellen Morgen ganz offensichtlich nicht die einzigen Frühaufsteher, denn schon am Eingang zu einem der größten und wohlhabendsten Klöster Chinas warten lange Menschenschlangen auf den Einlass zum Heiligtum, das auch die Namen *Tempel der Seelenzuflucht* oder *Tempel der wunderwirkenden Weltferne* trägt.

Wir reihen uns ein in dieses bunte Durcheinander, und nicht zum ersten Mal spüre ich in einer großen Menschenmenge als Rollstuhlfahrer ein plötzliches Unwohlsein, fühle mich eingesperrt, so als wäre ich ein Gefangener, der sich nicht mehr frei bewegen kann.

Ham scheint das zu spüren und hilft mir vorsichtig über zahlreiche Unwegsamkeiten hinauf bis zur Haupthalle des Klosters, zur *Großen Halle des großen Helden*.

„Mit einer Höhe von fast 34 Metern ist diese Halle das höchste eingeschossige Gebäude Chinas", erklärt mir mein wie immer bestens informierter Freund. „Und drinnen sitzt der mit 9 Metern größte hölzerne Buddha des Landes."

Die Statue des *Erleuchteten*, des *Erwachten* strahlt eine unglaublich große innere Ruhe aus, die schon nach kurzer Zeit auf den Betrachter übergreift. Buddha hat ganz offensichtlich gefunden, wonach im Grunde doch alle Menschen suchen, dieses innere Glück, das er seinem Gegenüber weitergibt und das zu ihm wie aus einem Spiegel zurückfindet.

Schon als Ham mir damals in Kuala Lumpur erste Einblicke in den Buddhismus gab, lernte ich die grundlegenden Ideen dieser religiösen Lehre schätzen. Und dass der Buddhismus die einzige unter den großen Weltreligionen ist, in deren Namen noch nie ein Krieg geführt worden ist, macht diesen Glauben für mich noch viel wertvoller.

Während Ham vor der Statue niederkniet und in sich versunken ein Gebet spricht, beobachte ich die zahlreichen Pilger, die vor der Halle mit langen Räucherstäbchen irgendein fremdes Ritual praktizieren, das mir viel zu hektisch erscheint, um damit die angestrebte innere Ruhe zu erlangen.

Was ich sehe, ist ein bunter religiöser Jahrmarkt, auf dem sich die Gläubigen tummeln, jeder vor allem mit sich selbst und mit seinem ganz persönlichen Glaubensritual beschäftigt, und vermutlich bin ich in meinem Rollstuhl am Rande des Tempelaufgangs der einzige ruhende Pol in diesem bewegten bunten Durcheinander.

Ham, der inzwischen schnell noch die nahegelegene *Große Halle der Himmelskönige* besucht hat, berichtet mir, dass die Himmelskönige bewaffnete Wärter sind, vier an der Zahl, die den Buddha in der Mitte der Halle in jeder Himmelsrichtung gegen drohende böse Kräfte schützen.

So einen Wärter könnte ich auch gut gebrauchen, denke ich, als sich kurz darauf die vertrauten Phantomschmerzen wieder meiner ungeteilten Aufmerksamkeit bemächtigen, einen Wärter, der mich gegen diese verdammten unberechenbaren Schmerzen schützt. Sie kommen und gehen, wo und wann sie wollen, ohne irgendeinen offensichtlichen Anlass. Wie oft habe ich schon versucht, sie zuzuordnen und damit ihr Auftauchen zu begründen. Aber egal ob Wetter, ob innere Stimmung, ob Temperatur oder eine falsche Körperbewegung, nichts davon ist als stimmiger Grund für die Entstehung der Schmerzen greifbar geworden. Sie bleiben für mich ein trauriges Rätsel, das, ganz unabhängig von der Behinderung, die

Qualität meines Lebens auch heute noch oftmals in Frage stellt.

Mit Blick auf die Uhr machen wir uns auf den hindernisreichen Rückweg zum Parkplatz, wo Sun ungeduldig auf uns wartet und auf baldige Weiterfahrt zu unserem heutigen Zielort im Huangshan-Gebirge drängt.

Wie immer trüben die starken Schmerzmedikamente mein Wachsein, und ich erlebe die gut fünfstündige Fahrt durch unbekannte Landschaften in einem graugefärbten Halbschlaf.

Kurz vor Einbruch der Dunkelheit erreichen wir die Seilbahn-Station am Fuße des Gebirges, und nachdem mich drei Angestellte gegen schnell ausgehandelte Bezahlung im Rollstuhl über zahlreiche Treppen hinauf zur Station getragen haben, sitzen wir dann wenig später tatsächlich in der Seilbahn, die uns zum rund 1800 Meter hochgelegenen Huangshan-Gipfelgelände bringen wird. Auf den beeindruckenden Weg über 6800 Stufen, der ebenfalls hinaufführt, haben Ham und ich aus ganz unterschiedlichen Gründen verzichtet.

Schon von Shanghai aus haben wir ein Zimmer in einem der Hotels in Gipfelnähe reservieren lassen, denn gerade in diesen staatlichen Feiertagen dürfte der Andrang der Chinesen zum einzigartigen Sonnenaufgang dort oben besonders groß sein.

Das ist er auch, wie wir beim Aussteigen an der oberen Seilbahnstation feststellen dürfen, und vieles erinnert mich hier an den heutigen Morgen, an dem ein ähnliches großes Durcheinander noch religiöse Gründe hatte.

Die Sonne hat sich inzwischen hinter einem der insgesamt 72 Berggipfel schlafen gelegt, und die kühle nächtliche Dunkelheit wird hier oben mit aufwendiger Beleuchtung tapfer bekämpft.

Als wir uns dann auf den hoffentlich kurzen Weg zu unserem Hotel machen, stellt sich schon nach wenigen Metern eine steile Treppe in den Weg, und auf Hamlets Nachfrage erklärt uns ein uniformierter Seilbahnangestellter, dass bis zum Hotel noch rund 500 Meter mit zahlreichen hinauf- und hinunterführenden Treppen zurückzulegen seien.

Da in allen meinen Reiseführern kein Wort darüber geschrieben steht, sind wir beide ziemlich hilf- und ratlos, und als wir uns schon enttäuscht auf den Rückweg ins Tal machen wollen, fängt Ham zufällig im Vorbeigehen ein paar chinesische Wortfetzen auf, in denen von Trägern die Rede ist, die schwache oder behinderte Menschen in einer Art Sänfte zu den verschiedenen Hotels bringen würden.

Und tatsächlich, Ham fragt sich überall durch, ist plötzlich verschwunden und taucht wenig später mit zwei Männern wieder auf, die eine hölzerne Konstruktion auf ihren Schultern tragen, in der man einen sitzenden Menschen offenbar transportieren kann.

Die Männer in grüner Arbeitskleidung setzen ihre kleine Sänfte neben mir ab und heben mich, ohne lange zu fragen, routiniert aus dem Rollstuhl in den gepolsterten Sitz, der zwischen zwei langen Holzlatten befestigt ist. Und dann geht's schon los, die stabilen Holzlatten ruhen auf den Schultern der Träger, die Treppen rauf werde ich vorwärts, die Treppen runter rückwärts getragen, um nicht nach vorne aus dem Sitz zu fallen, und nach rund 10 noch nie zuvor erlebten Minuten sind wir in der großen Empfangshalle des Hotels angekommen. Ein dritter Mann bringt meinen Rollstuhl, und als ich kurz darauf wieder in meinem vertrauten Fortbewegungsmittel sitze, danke ich den drei Chinesen mit einem festen, sehr ehrlich gemeinten Händedruck für ihre fantastische Hilfe, ohne die der Sonnenaufgang morgen früh hier oben ganz sicher ohne mich stattgefunden hätte.

Natürlich kostet der am Huangshan schon seit längerem etablierte Trageservice auch ein bisschen Geld, für chinesische

Verhältnisse mit 200 Yuan, also knapp 20 Euro, sogar ein ganz stattliches Sümmchen, aber noch niemals zuvor habe ich für eine Hilfsleistung so gerne mein Geld ausgegeben.

Ob die Männer auch morgen früh gegen 5.30 Uhr hier sein könnten, um mich dann vom Hotel zu einem der spektakulären Aussichtspunkte zu bringen, frage ich Hamlet, der mein Anliegen an drei lächelnde, zustimmende Gesichter weiterleitet.

Das hier ist doch alles wie ein Film, denke ich später vor dem Einschlafen, während Ham auf dem Bett sitzend sein buddhistisches Nachtgebet spricht, ein Film, dessen Drehbuch ich selbst nicht besser hätte schreiben können. Im Angesicht des Scheiterns kommt dann doch noch die schon nicht mehr erhoffte Rettung, ein echter cineastischer Klassiker.

So kann es von mir aus gerne weitergehen.

Der Wecker klingelt um viertel vor fünf, rekordverdächtig früh in diesem Jahr, und ich weiß sofort, dass es leider kein Irrtum ist. Um halb sechs brechen wir auf, denn wir wollen pünktlich den sagenhaften Sonnenaufgang auf dem Huangshan erleben, der laut Hotelauskunft heute um 6.07 Uhr stattfinden wird. Die beiden Chinesen in ihrer grünen Arbeitskleidung warten schon gut gelaunt in der Empfangshalle auf uns, und eilig tragen sie mich in ihrer Sänfte über zahllose Steinstufen hinauf zu einem der angepriesenen Aussichtspunkte.

Um uns herum wogt die dichte Menschenmenge chinesischer Sonnenaufgangstouristen, sie wogt hin und her und auf und ab, und dass so viele Menschen hier oben sein würden, hätte ich nicht erwartet. Irgendwann dann hält die Bewegung inne, ich erlebe meinen ersten chinesischen Verkehrsstau ohne Autos, wir stecken tatsächlich fest, und erschöpft müssen meine Träger die Sänfte absetzen.

Ich sitze plötzlich am Boden, sehe keine Gesichter mehr, sondern nur noch Beine, Rücken und Hinterteile. Mit einem

Mal ist der so verlockende Sonnenaufgang hier unten für mich um Lichtjahre entfernt.

In diesem Moment erlebe ich mich wieder so verdammt hilflos, so durch und durch schwerbehindert. Und doch bin ich nicht verzweifelt in dieser fast grotesken Lage, die für mich nie und nimmer das Erleben irgendeiner aufgehenden Sonne zulassen wird.

Im Gegenteil, ich bin dankbar auch für dieses Scheitern, weil es in einer Situation stattfindet, die spannender und intensiver für mich kaum sein könnte, hier oben in knapp 1800 Meter Höhe, auf dem schönsten Berg Chinas, dem Huangshan, in einer Sänfte, getragen von zwei vorübergehend ratlosen Chinesen, die mich dann aber plötzlich doch wieder hochheben und sich schnellen Schrittes auf den beschwerlichen Rückweg machen. So denke ich jedenfalls, aber nach kaum 100 Metern schlagen sie wieder eine andere Richtung ein, treppauf nach links, und schon nach kurzer Zeit erreichen wir eine weitere Anhöhe, ein lichtes Oval, das vorerst noch weit weniger bevölkert ist und den Blick freigibt auf eine wunderschöne noch morgengraue Gebirgslandschaft.

Ganz langsam zieht sich die Nacht zurück. Die letzten Minuten vor dem Sonnenaufgang streifen durch die weiter anwachsende Menschenmenge, in der keiner spricht. Und dann öffnet sich über den Berggipfeln, erwartet und doch unvermittelt, in Rosa und in grauem Silber das erste zarte Licht des neuen Tages. Schönwetterwolken spazieren über den Himmel, und ganz vorsichtig legt die Sonne ihre ersten sanften Lichter auf die obersten Stockwerke der Huangshan-Berge und auf die wachen Gesichter der Menschen rings um mich herum.

Langsam, fast zeitlupenhaft sendet sie ihre warmen Strahlen über den Himmel, steigt unmerklich auf, eine riesige Blutorange nun, deren Konturen man vorerst nur erahnen kann, nimmt an Form zu und an Kraft, das alles in wenigen Sekunden, bevor endlich, als öffneten sich nun mit unsichtbarer Hand auch die letzten Schleusen, ihr warmes Licht auf die nackte Erde herunterflutet.

Gegenwart, sage ich mir, bitte jetzt einfach nur Gegenwart erleben, mit aller Kraft und in vollen Zügen. Gegenwart. Irgendwann später kann ich mich noch oft genug darüber wundern, in diesem besonderen Moment hier oben gewesen zu sein.

Eine halbe Stunde später haben mich die beiden Träger wieder in unserer Hotellobby abgesetzt, und mit einem rundum wohligen Gefühl genieße ich den ersten und zweiten Kaffee dieses wunderschönen Tages.

Die Sonne hat mit ihrem zartfarbenen Aufgehen an diesem Morgen nicht zu viel versprochen und kleidet die prachtvolle Gebirgslandschaft in die schönsten Farben.

Hamlet ist genauso sprachlos wie ich und macht sich schnell noch auf den Weg zu der großen herrlich gelegenen Hotelterrasse, um von diesem fantastischen Morgenlicht noch ein paar Fotos zu machen.

Von 10.30 Uhr an ist dann alles nur noch Rückweg. In Sänfte, Seilbahn, Rollstuhl und Team-Bus geht's mit dem bestens gelaunten Sun am Steuer auf der Autobahn zurück nach Hangzhou und weiter zum *Hangzhou Xiaoshan International Airport*.

Nach dem schnellen, aber herzlichen Abschied von unserem sympathischen Fahrer, den vor allem Ham als chinesischen Gesprächspartner auf der weiteren Reise vermissen wird, hat mein Freund schon kurz darauf beim Check-in weit mehr chinesische Gesprächspartner, als ihm lieb ist. Denn als wäre ich der allererste Rollstuhlfahrer, der es riskiert hat, für diesen Flughafen einen Inlandsflug zu buchen, sind die Angestellten von *Eastern China Airlines* gleichzeitig kopf-, hilf- und ratlos.

Nach halbstündiger vielstimmiger Diskussion kann Hamlet schließlich mit bestimmenden Gesten und Worten im Kampf gegen chinesische Windmühlen durchsetzen, dass ich endlich durch die Sicherheitskontrollen zum Abflug-Gate rollen darf.

Begleitet von wichtigen, dabei stets höflichen Beamten in blauer Uniform erreiche ich als letzter Passagier den Flieger und muss, da ein schmaler Flugzeugrollstuhl hier nicht zur Ausrüstung gehört, von Ham einige Meter durch den engen Gang auf meinen Sitz getragen werden.

In China leben laut Statistik mehr als 80 Millionen Menschen mit einer Behinderung, das habe ich in einem Zeitungsartikel gelesen. Darunter werden sicher auch zahlreiche Rollstuhlfahrer sein, doch sind alle schwer gehbehinderten Chinesen für Flugreisen im Inland offenbar nicht vorgesehen. Eine solche, geradezu offizielle Nichtberücksichtigung und damit Zurücksetzung hätte ich nie und nimmer erwartet, schon gar nicht in dem Land, das in weniger als einem Jahr die Paralympischen Spiele ausrichten wird.

Vier verschlafene Stunden später landen wir gegen 21 Uhr im subtropischen Klima von Guilin. Vor dem Flughafengebäude erwartet uns ein Sternenhimmel, wie ich ihn lange nicht mehr gesehen habe. Fast andächtig suche ich im Lichtermeer nach meinen Konstanten: Großer Wagen, Orion, Großer Bär. Vergeblich. Ein fremder Himmel über China.

Einmal eine Sternschnuppe, hell wie Neon fällt sie aus dem Mosaik hinunter irgendwo ins Nichts. Wie 1001 Nacht, denke ich, wie Karneval der Glühwürmchen.

Ein Mini-Bus fährt uns durch die schwüle Nacht zum *Grand Hotel* im Zentrum der Stadt. Der Name ist wohl ziemlich optimistisch gewählt, denke ich schon beim Einchecken und habe leider Recht. Denn das *Grand Hotel* ist ein großer weißer Kasten, dem man von außen die dünnen Zimmerwände nicht gleich ansehen kann. *Groß* an diesem Hotel ist damit leider vor allem der Lautstärkepegel der vielen Geräusche, die zum zahlenden Gast ins Zimmer dringen. Doch da nicht nur das

Hotel, sondern auch unsere Müdigkeit *groß* ist, mache ich irgendwann kurz nach Mitternacht in Zimmer 523 dann doch schläfrig und einverstanden mit der Gegenwart das Licht aus.

Am frühen Morgen suchen wir nach einem guten chinesischen Frühstück ziemlich schnell das Weite, und zwar in einem kleinen Mietwagen mit ortskundigem Fahrer, der uns gegen neun Uhr am Hotel abholt.

In südlicher Richtung fahren wir bald schon durch eine einzigartige Gebirgslandschaft, deren Farben im Gegenlicht in Grün und Grau zerfließen. Zwischen den malerischen Karstkegeln herrscht in der Ebene eine fast beklemmende Hitze, die ich bei einem kurzen Halt spüre wie einen langsam schließenden Würgegriff. Und über allem liegt eine eigenartige Stille, die den langgezogenen Schrei der Sonne erst hörbar macht.

Keine Wolke am silbrigen Himmel, kaum ein Luftzug, kein Tier, das flieht, überhaupt keine Bewegung ringsum. Einmal ein großer Raubvogel, der in sicherer Ferne seine Kreise zieht, dann wieder nur Berge, Steinriesen mit eigenem Gesicht, und darüber, wie flüssiges Metall, der alles versengende Himmel.

„Und die Sonne versendet glühenden Brand...", zitiert Ham, und ich glaube zu spüren, was Schiller gemeint hat.

Beim verschwitzten Blick aus dem fahrenden Auto wirkt es oft wie geheime Kulissenschieberei, wenn sich die hintereinander liegenden Bergketten langsam gegeneinander bewegen. Wie zwei in entgegengesetzter Richtung abfahrende Züge.

Plötzlich tauchen im Gegenlicht noch mächtigere Bergkämme auf, Jahrtausende alte Steinstrukturen, wie ich sie noch nie gesehen habe, später dann ganze Gebirgszüge aus urweltlichen Träumen, in denen jeder von uns, wie beim Wolkenspiel, etwas anderes zu sehen glaubt. Gepflügte Äcker, findet Ham, senkrecht aufgestellt. Französische Tartes aux pommes, finde ich, denn ich habe langsam Hunger. Einen

Dreimaster, aber ohne Heck, hat Hamlet erkannt, während der Hundekopf im Profil meine Entdeckung ist. Wir einigen uns auf Unentschieden, zwei zu zwei, und lassen die Berge fortan wieder Berge sein.

Entlang unserer schlaglochreichen Strecke fügen sich einige kleinere Ortschaften ängstlich und ergeben in die mächtige Landschaft und liegen, Schwalbennestern gleich, meist verborgen im Schatten der mächtigen Bergkegel.

Vieles bleibt Rohbau, mit Eisenstreben durchsetzt, die sich wie einsame Antennen nutzlos in den Himmel recken. Gelebt wird trotzdem darin.

Nach rund 50 Kilometern auf mautpflichtiger Landstraße erreichen wir Yangshuo, wo es außerhalb der Stadt eine Touristen-Bootstour wie aus dem Bilderbuch gibt, mit Megaphon-Singsang einer chinesischen Bootsfee, mit verkleideten Äffchen und mit schwermütigen Kormoranen, die sich für Geld auf fremde Schultern hocken und dabei fotografieren lassen.

Andere Kormorane mit halb zugeschnürten Hälsen sitzen auf schmalen Holzflößen, tauchen nach Anweisung des Fischers ab in das grüne Flusswasser und sind jedes Mal schon nach kurzer Zeit erfolgreiche Jäger. Mit in ihren Schnäbeln wild zappelnden Fischen tauchen sie auf, können ihre Beute aber wegen der halb zugeschnürten Hälse nicht herunterschlucken, so dass der Fischer, der diesen Namen doch eigentlich gar nicht mehr verdient, die kulinarischen Kostbarkeiten lebendig aus dem großen Kormoranschnabel herauszieht und sie vermutlich für das einheimische Spezialitätenrestaurant reserviert, das ihn am besten dafür bezahlt.

Für mich ist diese Fahrt auf dem großen Holzfloß im Rollstuhl wieder eine Premiere, und bisher haben wir mit internationalen und nationalen Flügen, mit Fahrten in Bussen und Taxis und mit Touren auf einem Schiff und auf einem Floß schon die verschiedensten Fortbewegungsmittel nutzen können.

Später am Nachmittag bummeln wir durch die zwar touristische, aber trotzdem nicht zu aufdringlich vermarktete Fußgängerzone von Yangshuo, dessen Bewohner in ihren Gesichtszügen oft schon die Nähe zum nur noch rund 500 Kilometer entfernten Vietnam verraten.

Gegen 16.30 Uhr dann machen wir uns auf den rund 30 Kilometer langen Weg zu einer Bootsanlegestelle am Fluss Li Jiang, um von einem motorisierten Schiff aus die beeindruckende Landschaft der Karstkegelberge kennenzulernen.

Nach der Abzweigung von der Hauptstraße durchfahren wir 17 ungemein malerische Kilometer, mit Wasserbüffeln und Ziegenherden als Tempomacher auf der brüchigen Landstraße, mit Hütten und Baracken voller Leben, mit streunenden, verspielten Katzen und Hunden, mit vereinzelten Reisbauern in den weiten Feldern und mit alten Leuten und Kindern, deren Gesichter uns zeigen, dass sie hier gerne leben.

In einem großen Hauseingang sitzt ein uralter Mann, dessen sonnengebräuntes Gesicht von tiefen Falten durchzogen wird, und seine langen grauen Haare, die in barocken Schwüngen den Nacken herunterfallen, sehen aus wie ein glatt frisierter Heiligenschein.

So sitzt er da, der uralte Chinese mit den hellwachen Augen, bewegungslos in dem großen Hauseingang, in dem er sich ganz augenscheinlich wohlfühlt und wo er vor sich eine beglückende Zeitlosigkeit ausbreitet.

Dem langen Holzboot an der Anlegestelle sieht man sofort an, dass es älteren Datums ist, aber gerade das verleiht ihm in dieser fremden Welt noch zusätzlichen Charme. Sobald ich, von vier starken Männern im Rollstuhl getragen, auf dem Schiff gelandet bin, beginnt der laute Motor zu knattern, und es geht los in eine Traumwelt steil aufragender Karstkegel, wie ich sie mir exotischer, fremder und überwältigender kaum hätte vorstellen können.

Es ist für mich ein, wenn nicht DER Höhepunkt unserer bisherigen Reise, und ich versuche auch diesmal wieder, ganz und gar in der Gegenwart zu sein, im Hier und Jetzt dieser fantastischen Landschaft, in der noch warmen Luft des frühen Abends, mit dem markanten Knattern des Schiffsmotors und dem unrhythmischen Geräusch der gegen das Boot schlagenden Wellen, und vor allem mit diesem langsam heruntersinkenden zarten Grau der Dämmerung, das sich friedlich über Land und Wasser legt und den endenden Tag auf die kommende Nacht vorbereitet.

Als wir am späten Abend wieder zurück in Guilin sind, hat Hamlet noch vor dem Abendessen große Lust auf das World Wide Web. Er will seine privaten und vor allem beruflichen Emails lesen und gegebenenfalls beantworten und fragt an der Hotelrezeption nach einem nahegelegenen Internet-Café.

Da ich die unglaublich beeindruckenden Bilder von der Fahrt auf dem Li-Fluss immer noch vor mir habe, bin ich in einer eigenartigen, fast sentimentalen Stimmung, in einer Stimmung, die vor allem mit sich selber Konversation macht.

Ich winke Hamlet kurz zu und verabschiede mich mit dem Aufzug in den 13. Stock auf das tennisplatzgroße Hoteldach, wo es unter freiem Sternenhimmel ein paar Tische und eine kleine Bar gibt. Bis 24 Uhr kann man hier noch Getränke bestellen, und bei einem eiskalten Tsingtao-Bier lasse ich einen dieser seltenen Momente zu, in denen große Teile meines Lebens noch einmal an mir vorbeiziehen. Ich bin nach dem heute Erlebten, wie schon gesagt, in einer ziemlich sentimentalen Stimmung und kann nicht vermeiden, dass meine Gedanken hier nun ihre eigenen Wege gehen.

Die Hälfte des Lebens, wie grausam das klingt, die Hälfte des Lebens ist für mich schon vorbei, und unter zwei Augen weiß ich genau: So viel ist möglich gewesen, und so wenig ist geworden. Und das längst nicht nur wegen des vernichtenden Unfalls vor mehr als dreizehn Jahren.

Immer wieder frage ich mich, was von all den Jahren überhaupt übrig bleibt, von den so schnell verflogenen Jahren, die ich gelebt habe auf diesem blauen Planeten und die mich zu dem gemacht haben, der ich heute bin – was eigentlich bleibt?

Weit weg, in einem verlassenen Winkel meines Gedächtnisses, finde ich einige angestaubte Erinnerungen an eine schöne Kindheit, in der ich glücklich war, ohne es zu wissen. Ich sehe die Gesichter meiner Eltern, die ich geliebt habe, und ich denke an meine wechselnden besten Kinderfreunde, an ausgelassene Fußballspiele und an den Geruch von nassem Rasen, erdig und süß, an Papas sorgfältig gepflegte Blumenbeete, die wir beim Ballspielen regelmäßig ruinierten, an bunte Kindergeburtstage in unserem großen Garten, an Weihnachten, nicht an ein besonderes, an alle Weihnachtsfeste zu Hause, mit frommen Liedern, mit leuchtenden Kerzen und mit dem Zimt-und-Zucker-Aroma von Mamas Plätzchen im ganzen Haus, an Tante Anni und Onkel Willi auf vielen gemeinsamen Unternehmungen, dann auch, beim Tod meiner Großeltern in Mayen, an den ersten Kontakt mit dem Sterben, diesem plötzlichen und endgültigen Weggehen von geliebten Menschen.

Und plötzlich bin ich noch ein Mal am Strand an der französischen Atlantikküste, in den alljährlichen Sommerferien sitze ich wieder auf unserem kleinen Balkon und beobachte den Sonnenuntergang über dem Meer, und natürlich sehe ich Sylvie vor mir, meine erste große Liebe aus Lille in Nordfrankreich, mit ihren langen blonden Haaren und den großen blauen Augen, die mich auch heute im ganz normalen Alltag oft noch anschauen, und auch der Unfall am Mittelmeer gehört dazu, das kleine Auto, in dessen Windschutzscheibe ich landete, weil ich beim Überqueren der großen Straße nicht aufgepasst hatte, deshalb die längliche Narbe zwischen Nase und Mund, die nie ganz verschwinden sollte ... – das also bleibt.

Und was noch? Ein paar Erinnerungen an die intensive Zeit beim Volleyball, an vier oder fünf Mal Training pro Woche, an unser so knapp verlorenes Finale bei den westdeutschen Meisterschaften in Radevormwald, an die Abiturzeit mit ihrem *Was-kostet-die-Welt-Gefühl,* an Beate, meine erste richtig feste Freundin, und an unsere anerzogen-verklemmte Sexualität. Dann auch an die naturalistisch-derben Monate bei der Bundeswehr in Wesel, an ein mittelmäßiges Studium in Saarbrücken, neben dem alles andere wichtiger war, an Karin, die verheiratete Tauchlehrerin, an deren Seite ich in einem korsischen Ferienclub vier Monate lang als Surflehrer arbeitete und in die ich mich wie ein Sechzehnjähriger über beide Ohren verliebte, an Öne, meinen Cousin und engsten Freund, beim gemeinsamen Erwachsenwerden im Saarbrücker Studium, dann an Martina natürlich, die Frau, mit der ich die längste Wegstrecke in meinem Leben zurückgelegt habe, auch an Silke denke ich, die immer zu spät in die Vorlesungen kam und für die ich etwas vorher nie Gekanntes und bis heute Namenloses empfunden habe, an meine beiden engen Freunde Klaus und Uli beim Minigolf im finnischen Frühling, an Tuija und Helsinki, an Andreas und unser Marokko im März, an das französische Jahr in Lyon nach dem Studium, dann an die spannende Anfangszeit beim ZDF, an meinen ersten längeren Bericht über den Verein AJ Auxerre, den damaligen Uefacup-Gegner von Borussia Dortmund, an mein erstes größeres Interview mit Boris Becker, in dem ich ihn nicht nur, aber auch des Äußeren wegen mit Vincent van Gogh verglichen habe und er mir grinsend antwortete, dass bei ihm aber immerhin beide Ohren noch am Kopf seien. Und auch meine erste Fußball-WM in den USA werde ich nicht vergessen, als Redakteur von Bela Rethy, der zum Freund wurde und von dem ich in dieser Zeit weit mehr lernen durfte als nur die journalistischen Feinheiten. Und auch Irene ist da, meine fremde vertraute Freundin, dann taucht die Kenia-Woche mit Nils auf, ein intensiver und facettenreicher Urlaub, der mich dazu verleitete, im Jahr darauf eben diesen Urlaub mit meinem Vater zu unternehmen, einen Urlaub, der vom Abflug am Mittwochabend in Frankfurt bis zu seinem abrupten Ende am Samstagmorgen kaum vier Tage dauerte und der mit dem Unfall kurz nach acht Uhr morgens auf der oft einsamen Straße zwischen Mombasa und Nairobi so grausam endete.

An dieser Stelle dann kann und will ich nicht weiter träumen, der Riss ist zu hart, zu brutal, und auch hier in Guilin, im subtropischen China, auf der Dachterrasse des *Grand Hotel* habe ich unter einem großen Sternenhimmel plötzlich wieder Tränen in den Augen.

Aber auch diese Tränen gehören dazu, sind oft noch Teil meiner Gegenwart, und ich hoffe nur, dass der Schlaf mich bald auf andere Gedanken bringt.

Ziemlich erschlagen von all dem in so kurzer Zeit Erlebten beschließen wir für heute einstimmig einen Ruhetag.

Ich spaziere im Rolli alleine durch Guilin, brauche und bekomme bei gelegentlichen Unwegsamkeiten verlegene, aber stets freundliche Hilfe, und bin auch hier wieder ein ganz normaler Teil des städtischen Lebens.

Vor mehreren Restaurants sehe ich, eingesperrt in kleinen Käfigen, verschiedene Tiere, die von den hungrigen Gästen per Fingerzeig ausgewählt werden und Minuten später gerupft oder gehäutet in Kochtopf oder Bratpfanne landen. Im direkten Gegenüber vor kurzem noch ein lebendiges Geschöpf, werden sie nun auf einer ansehnlich dekorierten Platte im Restaurant serviert und landen bald darauf kleingekaut im Bauch des Bestellers.

Ich mag die chinesische Küche sehr, aber ich bin fast sicher, dass ich, aller landeskundlicher Zuwendung zum Trotz, wohl selbst meisterhaft zubereitete Speisen so nicht essen könnte.

Der kleine Kerl mit den schwarzen Strubbelhaaren, ein Lausejunge aus dem Bilderbuch, der mir dann auf meinem Streifzug durch Guilin hartnäckig hinterherläuft, oder, wie er es nennen würde, als professioneller Touristenführer die Schönheiten der Stadt zeigt, ist ein rechtes Großmaul, allerhöchstens zehn Jahre alt und mit restlos allen chinesischen Wassern gewaschen.

Er weiß und redet viel, mit Händen und Füßen und in einer Sprache, die im wesentlichen aus chinesischen, aber auch aus einigen englischen und sogar deutschen Sprachbrocken besteht. „Look, Duxiu Feng, kuckma da!"

Als ich ihm zum wiederholten Male mit Worten und Gesten erkläre, dass ich meinen Spaziergang nun gerne alleine fortsetzen würde, und, als das keinerlei Wirkung hinterlässt, dass er von mir keinen müden Yuan zu erwarten habe, tut er so, als verstünde er kein einziges Wort, um im nächsten Augenblick mit großer Gebärde die imposanten Pagoden am Shanhu-See anzupreisen.

Am Ende, man ahnt es schon, kommt es dann natürlich doch zu dem lästigen Gerangel um Bezahlung einer erlittenen Dienstleistung.

„Ofwidersen-twentiyuan!" – Ein Wort.

Passend zu einem entspannten Ruhetag fragen wir am Abend an der Hotelrezeption nach einer chinesischen Massage, die für mich auf dieser Reise durch eine fremde asiatische Welt unbedingt dazugehört.

Nur zwei Querstraßen entfernt leuchten grell und rot die blickfangenden Lichter eines der großen Massagesalons der Stadt. Mit Unterstützung zweier junger Angestellter werde ich, da es leider keinen Aufzug gibt, im Rollstuhl von Stufe zu Stufe auf der ziemlich steilen Treppe hinunterbefördert.

Im Untergeschoss nimmt uns an einer kleinen Rezeption die Chefin in Empfang, eine wohlgenährte ältere Dame mit herrschaftlichem Auftreten, und diskutiert mit Ham lebhaft ihre vielfältigen Angebote.

Es gibt fast nichts, was es nicht gibt, und Ham muss sich alles genau erklären lassen.

- »Riesige Ausrufezeichen aus Stahl, Beton und Glas.«
- »Wäscheleinen wie in Italien…«
- »Nachwehen des Mondfestes…«

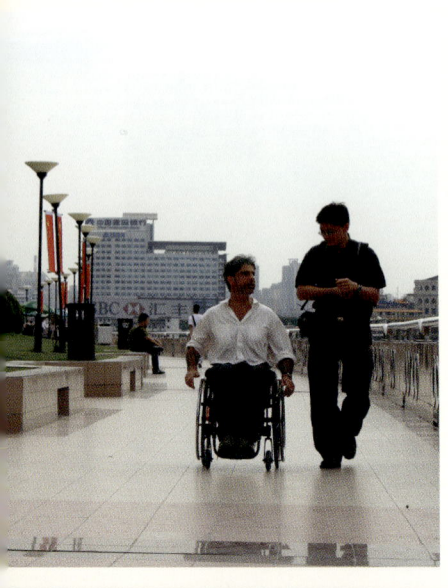

☺ *Auf der Uferpromenade im Stadtteil Pudong.*

☺ *Shanghais alltägliches Nebeneinander von Erster und Dritter Welt.*

☺ *»Ein Bild von vielen, das sich mir tief einprägt.«*

◉ *»Die Männer setzen ihre kleine Sänfte neben mir ab...«*

◉ *»...und heben mich routiniert aus dem Rollstuhl in den gepolsterten Sitz.«*

◉ *»...und ganz vorsichtig legt die Sonne ihre ersten sanften Lichter auf die obersten Stockwerke der Huangshan-Berge...«*

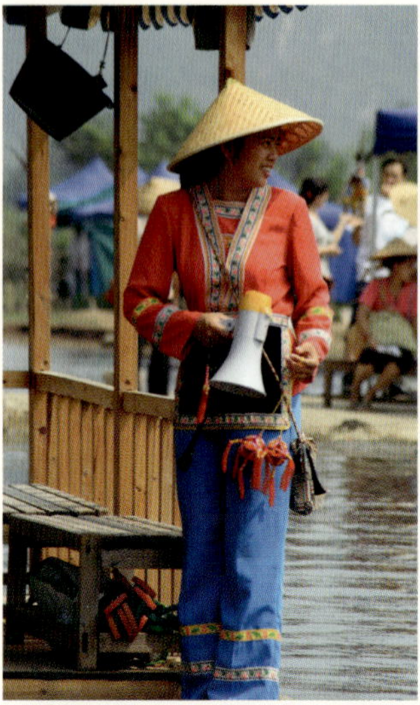

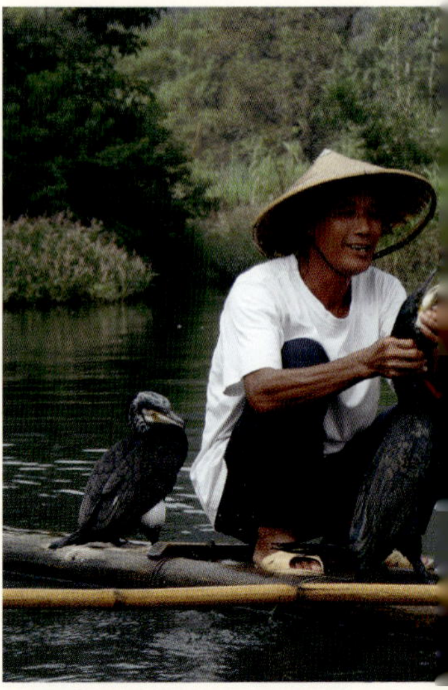

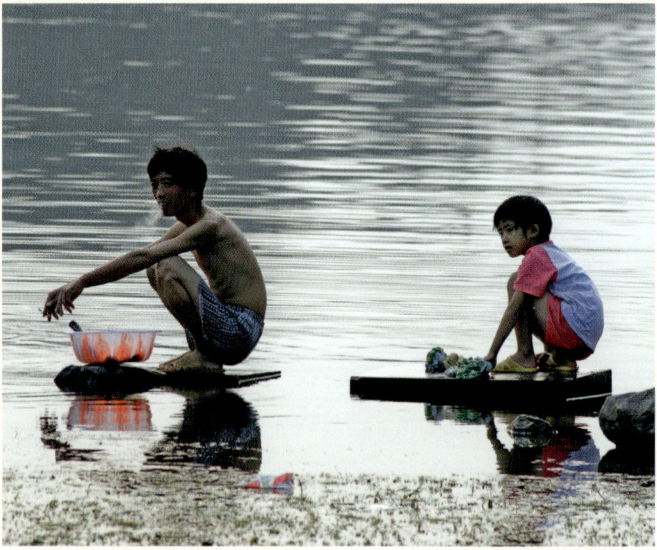

◉ *Eine chinesische Bootsfee.*

◉ *Kormorane mit halb zugeschnürten Hälsen als Fischfänger.*

◉ *Familienwäsche am Li-Fluss.*

◉ *»…nie gesehene Steinstrukturen der Jahrtausende…«*

◉ *»Das langsam heruntersinkende zarte Grau der Dämmerung…«*

◉ *»Das lange Holzboot ist schon auf den ersten Blick älteren Datums…«*

»Die Statue des Erleuchteten strahlt eine unglaublich große innere Ruhe aus … die schon nach kurzer Zeit auf den Betrachter übergreift.«

Die ersten Kilometer auf unseren ›Rädern‹ in freier Natur.

◎ *Wasserbüffel als gelegentliche Reisebegleiter.*

◎ *»Die Luft über dem Tal ist warm und klar, von fast anmutiger Fremdheit...«*

◎ *»Drei Jungen radeln auf ihren Fahrrädern mit uns um die Wette.«*

Auf einem großen Volksfest der Miao, eines indigenen Volkes aus den Bergregionen Ostasiens …

»… und am Straßenrand immer wieder Menschen, die uns den Eindruck vermitteln, dass sie gerne leben.«

Von 700.000 Arbeitern ließ der Kaiser eine große unterirdische Streitmacht errichten, die sein Grab bewachen sollte, die berühmte Terrakotta-Armee des 1. Kaisers von China. Jeder Soldat besitzt individuell modellierte Gesichtszüge.

Pingyao ist die am besten erhaltene alte Stadt Chinas.

In Pingyao hat das Mittelalter durchgehalten und kann sich stolz im 21. Jahrhundert zeigen.

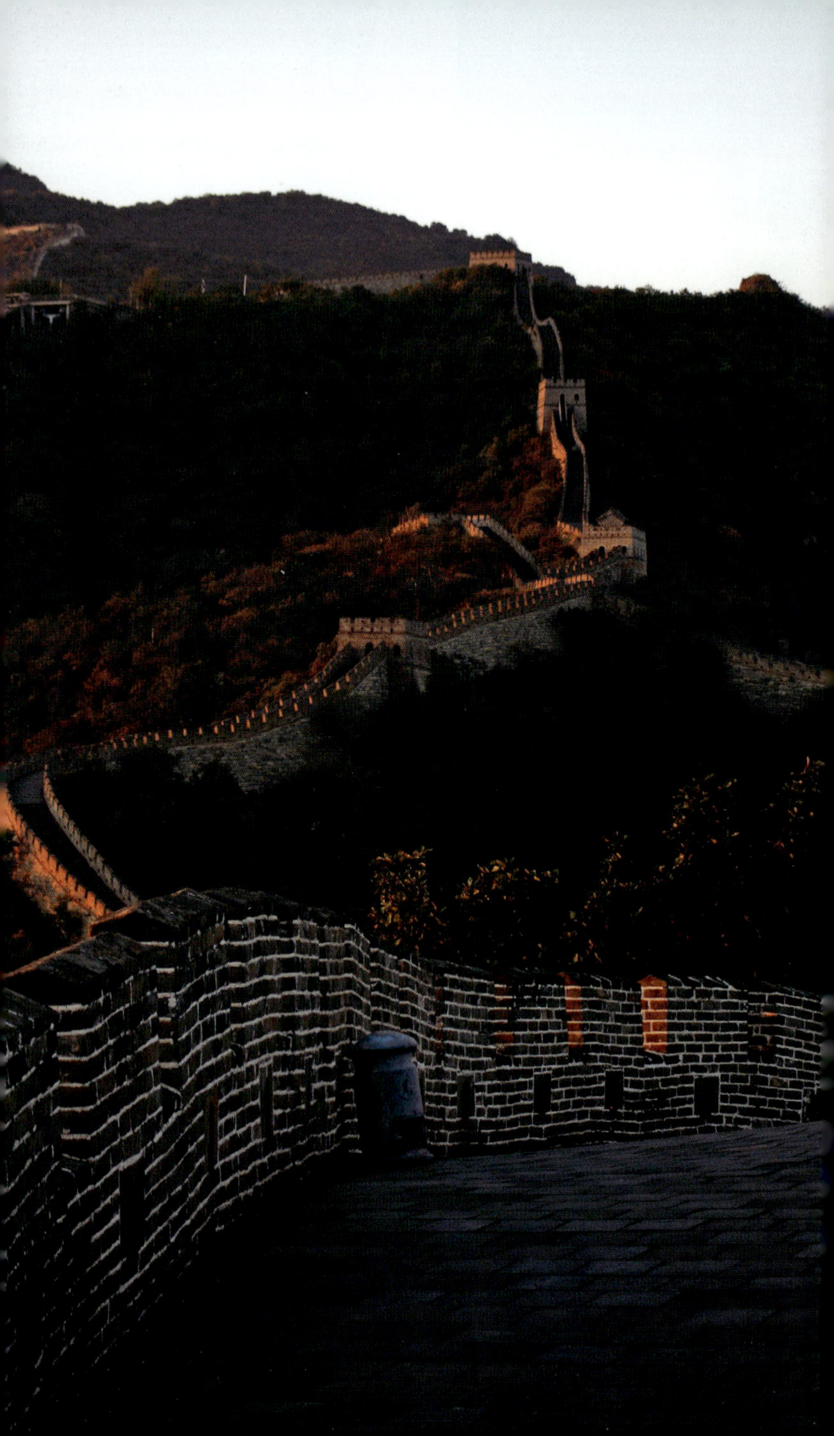

👁️👁️ »Im warmen Licht der Abendsonne wirkt der Mensch fast verloren in diesem mächtigen Monument der Weltgeschichte.«

👁️ »… der Sonnenuntergang ist gigantisch, er nimmt den Blick gefangen und lässt ihn nicht mehr los … die Sonne lächelt mir zu, als wüsste sie genau, wie viel mir diese Momente bedeuten.«

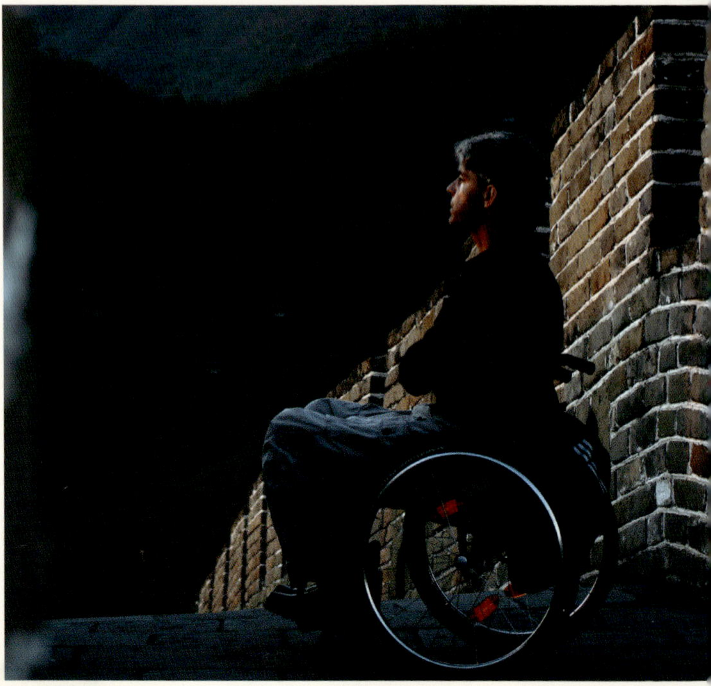

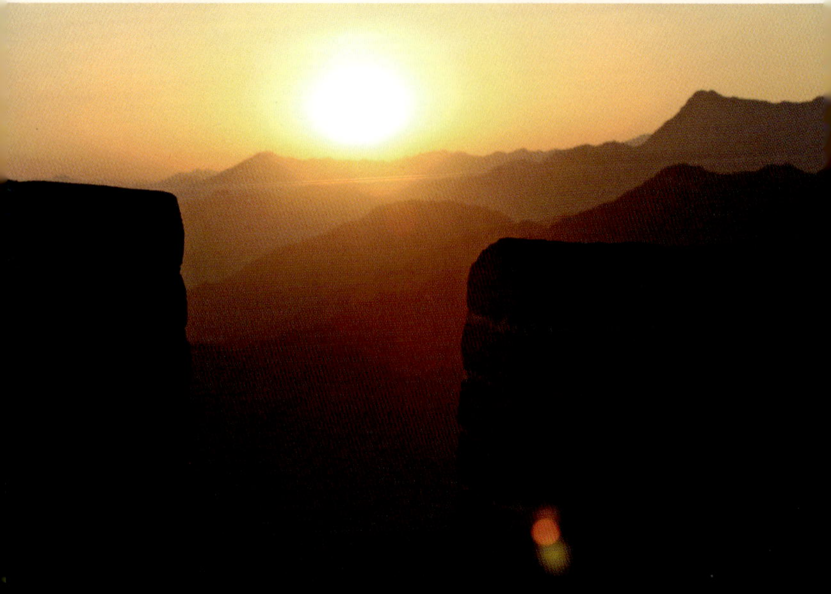

Dass in einigen größeren Salons oftmals auch ein *Happy ending* angeboten wird, so der gängige verschleiernde Wortgebrauch, hatten wir schon vom Portier in unserem Hotel in Shanghai erfahren. Und da Guilin in den vergangenen Jahren zu einer der bedeutendsten chinesischen Touristenattraktionen geworden ist, liegt die Vermutung nahe, dass ein *Happy ending* auch hier in der breiten Angebotspalette seinen Platz gefunden hat.

Wir werden es nie erfahren, zumindest heute abend nicht, denn wir einigen uns mit der Chefin schon bald auf eine ganz typische chinesische Rückenmassage, für die wir jeweils zehn Euro bezahlen. Und so liegt jeder von uns wenig später in einem kleinen abgetrennten Raum auf einer großen Matratze und wartet entspannt auf eine weitere Premiere.

Das Mädchen, das mich 45 Minuten lang sehr liebevoll und gekonnt massiert, ist noch sehr jung, vielleicht gerade mal 20 Jahre alt, und allein ihr warmes Lächeln wäre schon den Preis wert, den wir der Chefin bezahlen mussten.

Als ich ihr bei der Verabschiedung ein kleines Trinkgeld geben möchte, wehrt sie unsicher ab. „Not allowed", stammelt sie verlegen, und erst eine gezielte Nachfrage bei der Chefin lässt zu, dass ich ihr zum Dank für ihre angenehme Massage einen 10 Yuan-Schein in die Hand gebe.

Umgerechnet entspricht das ungefähr einem Euro, und damit kann sie sich, wie Ham mir auf dem Rückweg zum Hotel gut gelaunt erklärt, „zum Beispiel zwei Kilogramm Pfirsiche oder eine CD oder für fünf Leute ein Mittagessen auf der Straße kaufen."

Wogegen das, was wir bisher schon auf dieser Reise erlebt haben, mit keinem Geld der Welt zu bezahlen ist, denke ich mit einem wohligen Gefühl, während die Stadt rund um uns herum mit vielen bunten Lichtern in der Nacht erst richtig zu erwachen scheint.

3. Durch die Provinzen Guanxi und Guizhou

Als ich heute morgen kurz vor acht Uhr aufwache, ist ein Traum aus der vergangenen Nacht mit mir im Hotelzimmer. Fast wie eine Person, die durch ständige Bewegung auf sich aufmerksam macht, spüre ich ihn an meiner Seite.

Wir sind mal wieder in Afrika, mein Vater, Elmar und ich. Es herrscht eine drückende Hitze, als wir im Safari-Gebiet aus unserem Jeep aussteigen, um die Zebras, Elefanten und Gnus zu fotografieren, die an einem kleinen Wasserloch ihren Durst stillen. Als jeder von uns gerade mit seiner Kamera ein paar Aufnahmen macht, taucht plötzlich ein großer Löwe auf und kommt mit schnellen Sprüngen auf meinen Vater zu. Ich weiß sofort, dass der Löwe ihn angreifen will, und dass nur ich meinen Vater retten kann, wenn ich den Löwen fotografiere und damit töte. Als das große Raubtier nur noch wenige Meter entfernt ist, habe ich meine Kamera scharfgestellt und drücke ab. Der Löwe wird im Sprung von meiner Kamerakugel getroffen und fällt vor meinem Vater zu Boden. Ich laufe schnell hin, und als ich den toten Löwen auf den Rücken drehe und genauer anschaue, erkenne ich, dass er das Gesicht meines Vaters hat.

Zwischen den zwei Weltkriegen kam er zur Welt.

Wilhelm Winfried Bonifatius Bergmann, Rufname Winfried, geboren am 14. Mai 1924 in Kleve/Niederrhein als siebtes von insgesamt neun Kindern der Eheleute Theodor und Johanna Bergmann.

Sternzeichen: Stier, – Beruf: Studiendirektor am Gymnasium in Geldern, Lehrer in den Fächern *Französisch* und *Latein*.

Größe: 173 Zentimeter, – Gewicht: je nach Jahreszeit zwischen 75 und 80 Kilogramm.

Lieblingsessen zu Hause: Spargel, – Lieblingsessen auswärts: Schnitzel/Escalope in fast allen Variationen.

Seine Stimme am Telefon. Wer ihn nicht kannte, stellte sich dazu einen höflich-aufgeschlossenen, humor- und geistvollen Menschen vor, einen Herrn der guten alten Schule! Und das zu Recht.

In Gesellschaft war er ein Meister des Gesprächs. Themen und Fragestellungen schienen ihm nie auszugehen.
 Wenn er das Wort ergriff: darlegend, erläuternd, als Lehrer hin und wieder zur Übererklärung neigend, dabei aber nie aufdringlich, nie belehrend, er redete, auch im Falle argumentativer Überlegenheit, den anderen nie einfach tot.

Wenn er seine Frau rief: „Margret ...!"
 „Schatz" sagte er eigentlich nur noch, wenn er tröstete oder wenn er sich entschuldigte.

Beim Autofahren (Renault als Ideologie) blieb er ein Leben lang unfallfrei. Seine Fahrweise: zurückhaltend-flott, ein Draufgänger war er jedenfalls nicht.
 Sein Tick bei hoher Geschwindigkeit: ein unruhiges Rudern am Steuer, und wenn es einmal knapp wurde beim Überholen, pfiff er unvermittelt durch die Lippen, unmelodisch, ein gleichbleibend hoher Ton, sein ganz persönliches Nervositätssignal.

Wenn seine Nichten und Neffen von ihm redeten: „Der Onkel Winnie ..."
 Er war, und das wusste er auch, ein Onkel zum In-den-Arm-nehmen.

Im Jahre 2007 hätte er mit seiner Frau das halbe Jahrhundert feiern können: Goldene Hochzeit in Haus Vogelweide!
 Festivitäten mit der Nachbarschaft, Fototermine für die Lokalpresse (*Rheinische Post, Kävels Bläche*), Ehrungen durch den Bürgermeister, Glückwunschschreiben von Freunden und Familie usw. usw.

Er wäre sicher froh gewesen, wenn alles vorbei ist. Er war kein Mann öffentlicher Auftritte.

Dass er alterte, sah man weniger an seinem regelmäßig komplimentbedachten Äußeren.

Wenn er sich als Mitglied einer älteren Generation verriet, dann durch eine zunehmende Verengung seiner Themenwahl, durch eine Erstarrung in Sichtweisen, die möglicherweise schon immer die seinen waren, die man ihm aber nun, im Alter, leichter übel nahm.

Konservatismus als Alterserscheinung?!

Wenn er von seinem Garten sprach, von seinen Blumen und Früchten und Bäumen, die für ihn weit mehr waren als nur eine gelegentliche Ablenkung von der Arbeit am Schreibtisch, zitierte er mit Vorliebe Voltaire: „Il faut cultiver notre jardin."

Unterstellt man nun, dass er, als angesehener Romanist, den Zusammenhang kannte, in dem der weitgereiste Franzose diesen Spruch getan hat, so liegt die Vermutung nahe, dass er zwischen den Zeilen noch etwas anderes gestehen wollte: seine hartnäckige Unlust nämlich, sich politisch, kirchlich, gesellig oder sonstwie am öffentlichen Leben zu beteiligen.

Was Voltaire hingegen über die Kirche gesagt hat, zitierte er nicht.

Sein Ausdruck, wenn er mit Bekannten oder Freunden über seinen Sohn sprach: „Der Junge ..."

Auch auf der fünften Vater-und-Sohn-Fahrt zum Schalker Parkstadion musste er auf der Höhe des Autobahnkreuzes Duisburg-Kaiserberg am Steuer seines bordeauxroten Renault 19 erneut jede Unterhaltung unterbrechen, weil er, überrascht von der Vielzahl der plötzlich möglichen Abzweigungen (insgesamt drei), wieder nicht wusste, dass man nunmehr die A2 in Richtung Hannover nehmen müsste. Diese auffällige Orientierungslosigkeit gehörte zu den Merkmalen einer Ehe, die auf der Basis kompromissloser Zweisamkeit mit integrierter Gewaltenteilung geführt wurde.

Dass hieß unter anderem: Er fuhr den Wagen, während Mama mit der Karte auf den Knien dirigierte.

Dass hieß aber auch: Sie konnte trotz ihres Führerscheins nicht selber Auto fahren, und er, allein am Steuer, verirrte sich ohne sie gleich an der ersten Kreuzung hinter der Stadtgrenze.

Im Spätsommer: Gartenarbeit mit verschwitzten Haaren und Gärtnermontur. Die blaue Übergrößenjeans, die ein Ledergürtel über dem Ruhestandsbäuchlein so gerade halten konnte, darüber der aschfarbene Arbeiterkittel und obenauf der Filzhut aus einem alten Schwarzweißfilm, dazu sein rosig-gesundes Gesicht in der lauen Frühabendluft, zufrieden mit sich und seiner Welt. Ein echtes Idyll. Nicht nur von außen.

Sein versteckter Wahn: Nachrichten, in Fernsehen oder Radio, zu jeder vollen Stunde, wo immer er auch gerade war.

Dass jeder ihn mochte – zählte es zu seinen Stärken? Oder war es eher ein Zeichen heimlicher Schwäche?

Beim Mensch-ärgere-dich-nicht: wenn er würfelte oder seine kleinen Spielfiguren setzte, brach die Zeit, brachen Jahrzehnte unter seiner leuchtenden Spiellaune zusammen, und immer wieder freute ich mich über den kleinen Jungen, der mir da plötzlich gegenübersaß und mit argloser Freude meine grünen Männchen hinauswarf.

Seine Konfession: römisch-katholisch.

Sein Glaube: kindlich-orthodox bis ins Detail, dabei ein aufrichtiger, ein gelebter Glaube, der sein Wesen ganz ausfüllte, der Dreh- und Angelpunkt seiner Existenz.

Sein Lieblings-Sonntagmorgen: Bademantel-Frühstück im Wohnzimmer, danach ein langes, heißes Bad mit Radio-Übertragung einer Messe, gegen elf Uhr dreißig schließlich in den Basilika-Gottesdienst, mit den frisch gewaschenen Haaren, die dann immer ein wenig abstanden, wie bei einem Professor oder bei einem modernen Künstler.

Unter seinen Französisch- und Lateinschülern galt er als gründlicher Grammatiker, gleichzeitig aber auch als sympathischer Pauker („Herr Bergmann, Sie hätten Schauspieler werden sollen ..."): ein Ruf, mit dem er sich, als er davon erfuhr, vollkommen identifizieren konnte.

Auf Frankreichtour mit Margret und zwei halbwüchsigen Jungen: Nicht zu Unrecht hatte seine Frau zuweilen den Eindruck, mit drei Kindern unterwegs zu sein.
    Dabei konnte er es sich leisten, hin und wieder Kind zu sein, ohne deswegen den freundschaftlichen Respekt von Elmar und mir zu verlieren. Seine Autorität, die keiner Pauken und Trompeten bedurfte, um sich der Welt zu präsentieren, war ein ganz natürlicher Teil seines Wesens. Und das ändert sich nicht mit der Rolle, die man gerade spielt.

Mein bester Freund Elmar war wie ein zweiter Sohn für ihn, und für uns Kinder war er gleichzeitig Freund und Vater.

Sein heimlicher Wunsch, der für immer unerfüllt blieb: eine Tochter, ein wonniges Mädchen, das ab und zu auf seinen Schoß kommt, um mit ihm zu lachen, zu erzählen, zu schmusen usw., ein sanftes Wesen für seine väterliche Zärtlichkeit.

Stattdessen hatte er nur den Sohn, den einzigen, und der wollte schon im Alter von drei Jahren nicht mehr an seiner Hand gehen.

Beim Kartenspielen (Skat) in Saint Jean de Monts versprühte er zuweilen eine Situationskomik, die diese Ferienabende in der Erinnerung herausgelöst haben aus dem hastigen Lauf der Jahre, und wenn Elmar und ich wieder einmal gemütlich zusammensitzen, sind es viele wertvolle gemeinsame Geschichten, die sich immer wieder als ein unvergesslicher Teil unseres Lebens von selbst erzählen.

Was hin und wieder in seinen Gesprächen auffiel: ein gutgelaunter Hang zu verbaler Neckerei, zu harmloser Ironie, zum gegenseitigen Auf-die-Schippe-Nehmen.
Dialoge zwischen Tür und Angel, Lachen erwünscht, alles blieb amüsant, spielerisch, reibungslos in jeder Hinsicht.
Instinktive Spaßvogelei?
Oder aber: Humor als Selbstschutz?

Eine seiner auffälligsten Eigenschaften war die Fähigkeit, Kritik anzuhören und anzunehmen.
Ihm konnte man (fast) alles offen sagen. Selbst härtere Vorwürfe nahm er ohne demonstrative Verstimmung, ohne unfaires Zurückschlagen an.
Felsenfest überzeugt und deshalb immun gegen jede Art von Kritik war er eigentlich nur, wenn es um religiöse Dinge, wenn es um seinen Glauben ging.

Ich werde nie vergessen – Sommer 1991: eine Woche Vater-und-Sohn-Tour durch den neuen alten Osten Deutschlands. Für ihn war es eine Reise in die Vergangenheit, zurück zu den Kulissen einer Jugend im Zweiten Weltkrieg.
Rerik, Zingst, Peenemünde, erlebt 1943/44 als junger Soldat

der deutschen Wehrmacht und wiederentdeckt fast 50 Jahre später mit glänzenden Augen.

Nicht erst als ich ihn vor dem Ortsschild von Rerik fotografierte, das er mit beiden Händen glücklich berührte, erkannte ich, dass er auf dieser Reise einen durch den Lauf der Geschichte bitter beschmutzten Teil seiner Jugend unversehrt zurückgewonnen hatte.

Und auch das werde ich nie vergessen: wenn ich nach Hause kam, ein Kind noch damals, aus Ferien, Freundschaften und erster Liebe, aus Tagen des Unfugs und der Unbedenklichkeit, wenn ich erschöpft vor der Haustür stand, mit Fahrrad, Rucksack, Beulen und Sonnenbrand, wenn ich mit zerrissener Hose kam, mit kleinen Schulden und großer Verspätung, wenn ich mit heißem Kopf durch die Wohnung rannte, voller märchenhafter Berichte, und meiner Begeisterung freien Lauf ließ, wenn sich herausstellte, dass ich glücklich war auch außerhalb des Hauses und fern meiner Eltern, in aller Welt, auf Festen und sonstigen Vagabondagen, wenn ich in vollem Umfang unsere große, immer aufgeräumte Wohnung ausfüllte mit meinen Erzählungen, dann fand ich stets zwei Menschen, Mutter und Vater, die das alles mit mir teilten, die fragten und zuhörten, und die sich meine Freude zu eigen machten.

Ich werde nie vergessen, wie schön es immer war, nach Hause zu kommen.

Um 10.30 Uhr sitzen wir mit unserem üppigen Gepäck im Kleinbus von Herrn Dong, der in den kommenden drei Tagen unser Chauffeur sein wird, und steuern einen der zahllosen Fahrradläden an, um uns noch mehr Ballast aufzuladen. Denn Ham braucht für unsere drei geplanten Handbike-Tage noch ein Fahrrad plus Anhänger, damit er unser Gepäck transportieren und mich gleichzeitig in der entsprechenden Geschwindigkeit begleiten kann. Mit dem Handbike, das vorne am Rollstuhl angebracht wird und das ich mit der Kraft meiner Hände und Arme bewegen kann, lege ich bei normaler Strecke ungefähr 15 Kilometer in der Stunde zurück. Um während der drei Tage in China einigermaßen gut klarzukommen, habe ich in den letzten Wochen vor der Abreise regelmäßig zu Hause trainiert Meine Zweifel am Gelingen unseres sportlichen Vorhabens sind auf jeden Fall weitaus geringer als die von Ham, der sich auf einem Fahrrad völlig fremd fühlt und nach eigener Aussage in seinem bisherigen Leben nicht mehr als ein paar wenige unfreiwillige Tage auf einem Drahtesel zugebracht hat. *Klabauterkram* also, und ich bin sicher, dass ich dieses Wort in den kommenden Tagen wieder regelmäßig hören werde.

Gleich im ersten Fahrradladen finden wir, was wir suchen. Ham handelt hartnäckig mit der gesamten, vier Mann starken Belegschaft und kauft schließlich für 500 Yuan ein blaues Fahrrad mit einem blauen Anhänger, auf dem für unser Gepäck genügend Platz ist.

Am späten Vormittag verlassen wir Guilin und machen uns auf den Weg Richtung Norden nach Longsheng, wo wir die ersten Handbike-Kilometer in Angriff nehmen wollen.

Meine Phantomschmerzen sind heute wieder sehr dominante Reisebegleiter und lenken mich während der knapp zweistündigen Fahrt in einem ständigen Dialog von allen anderen Eindrücken ab.

Ich kenne das, seit Jahren schon, doch hier in China revoltiere ich innerlich dagegen, hier will ich wach und gegenwärtig sein, denn hier ist kein Alltag, hier haben die zu Hause längst gewohnten Schmerzen nichts zu suchen, in diesem an Eindrücken und Bildern so reichen fremden Land, in dem ich doch so viel wie nur möglich auf- und mitnehmen will.

Hamlet hat meine Schmerzen bemerkt und versucht, mich irgendwie abzulenken.

„Als ewiger Junggeselle kannst du auf unserer Reise noch ziemlich viel von mir lernen, Meister, und ich kann dir aus jahrelanger Erfahrung versichern, dass der Umgang mit Frauen im Grunde kinderleicht ist. Wenn du zum Beispiel möchtest, dass sie etwas tun, dann musst du es ihnen ganz einfach nur verbieten."

„Du bist ein lieber Freund, Hamlet", antworte ich ihm in Richtung Rücksitz, „aber als Pausenclown hast du deine beste Zeit sicher noch vor dir."

„Dann freu' dich schon mal drauf, Meister", droht er mir grinsend, und wenig später fällt mir auf, dass ich die Schmerzen tatsächlich für Momente vergessen habe.

Als wir unsere Ausrüstung wenige Kilometer vor Longsheng mit Herrn Dongs Hilfe reisefertig zusammenstellen, bin ich zugegebenermaßen ein bisschen nervös und unsicher.

Doch schon nach den ersten Minuten, die wir auf unseren Rädern in freier Natur erleben, weiß ich, dass sich der große Aufwand mit dem schwierigen Transport des Handbikes von Deutschland bis hierher in den Norden des Autonomen Gebietes Guangxi mehr als gelohnt hat.

Vorbei an malerischen Reisterrassen, an weidenden Tieren und an zum Teil schwere Lasten tragenden Landarbeitern, deren stets freundliche Blicke uns begleiten, erreichen wir nach gut einer Stunde die 160.000-Einwohner-Stadt Longsheng. An einer Tankstelle kaufen wir zwei Literflaschen Cola, die wir im Schatten eines alten Laubbaumes schnell austrinken. Wieder mal durcheilen hoch über uns die bauschigen chinesischen Zugvogelwolken den blauen Himmel, und mein überraschend hochmotivierter Freund drängt darauf, ihnen bald zu folgen.

Ebenso überraschend dann, selbst für unseren einheimischen Fahrer, findet die zivilisierte Welt und damit auch unsere erste Handbike-Tour wenige Kilometer außerhalb der Stadt ihr vorläufiges Ende.

In diesem Moment überqueren wir endgültig die Grenze zur Dritten Welt. Straßen ohne Asphalt, stattdessen gelbbrauner Sandboden voller Unebenheiten und Schlaglöcher, ein ganz normaler deutscher Feldweg wäre hier ein Geschenk des Himmels.

Ein Geschenk, das wir aber nicht vorfinden, so dass wir uns mitsamt unserer aufwendigen Ausrüstung über mehrere ungeplante Stunden hinweg in unserem Kleinbus von rechts nach links durchschütteln lassen müssen, immerhin entlang des malerischen Flusslaufes des *Rongshui*, der in breiter, unaufdringlicher Dominanz das weite fruchtbare Tal durchzieht.

Unsere unruhige Fahrt wird am Rande der staubigen Piste von einem Grüngürtel wild wuchernder Pflanzen gesäumt, und in regelmäßigen Abständen tauchen plötzlich kleinere Ortschaften auf, deren tiefrote Häuserfronten ein feuerwerkähnliches Farbenspiel entfachen und deren streng geometrische Konturen einen scharfen und doch harmonischen Kontrast bilden zu den bizarren Linien der Natur ringsum.

Ham hört auf dem Rücksitz die *Butterfly lovers*, ein wunderschönes Violinkonzert, das er mir bei unserem ersten Kennenlernen vor mehr als 16 Jahren nahegebracht hat und das seitdem für mich zu den schönsten klassischen Musikstücken zählt. Es wurde 1959 von zwei jungen chinesischen Studenten an der Musikhochschule von Shanghai komponiert und ist seit Beginn der 80er Jahre zum bekanntesten chinesischen Musikexport weltweit geworden.

Während Hamlet also am vom Fahrbahnsand beschlagenen Wagenfenster vor sich hin träumt, versuche ich, mich auf dem großen Beifahrersitz so oft wie möglich umzusetzen, um neue Druckstellen an meinem lädierten Hintern zu vermeiden. Ich weiß, dass ich bei dieser stundenlangen ruckartigen Rallye über Stock und Stein höllisch aufpassen muss, denn jedes Druckgeschwür würde unweigerlich das Ende unserer Reise bedeuten.

So bleibe ich auch nach Einbruch der Dunkelheit hellwach, und nach einer chaotischen Autofahrt durch Chinas Dritte Welt muss ich meinen tief schlafenden Freund gegen 23 Uhr aus seinen Träumen wecken. Ein Schlagbaum, der zu einer Polizeistation mit drei kleinen Holbaracken gehört, zwingt uns zum Halt.

Sofort nähern sich zwei kleinwüchsige uniformierte Gestalten der Fahrertüre, und Herr Dong kurbelt die gründlich verstaubte Fensterscheibe herunter.

„Guten Abend, meine Herren!", sagt der kleine Polizist zur Begrüßung, bevor er dann zum Eigentlichen kommt. Herr Dong und Hamlet geben gehorsam Antwort, nennen Namen und Nationalität, zeigen Autopapiere und Ausweise, verraten Abfahrts- und Zielort, nennen Familie und Beruf, Aufenthaltsgrund und Aufenthaltsdauer, die beiden beichten unser ganzes Leben als bürokratische Biografie.

Wie in China offenbar üblich wird es ein längeres Hin und Her, gründlich, aber auch höflich, ein Stückchen chinesisches Polizei-Theater.

Als ich bei der Verabschiedung frage, warum ausgerechnet hier, weit entfernt von jeder Zivilisation, solch gründliche Kontrollen notwendig sind, grinst der kleine Polizist über beide Ohren und antwortet Ham freundlich: „Das tun wir nur für Sie. Das ist ein Service."

Eine weitere abenteuerliche Autostunde später hat Herr Dong in dem kleinen Dorf Fulu eine offene Unterkunft ausgemacht, in der es noch Platz für drei müde Reisende gibt.

Eine schlohweiße Chinesin, mit zwei Lupen als Brillengläser, empfängt uns mit damenhaftem Alterscharme und überlässt uns für umgerechnet knapp zwei Euro ihr Zimmer 23 im ersten Stock, das wir mit einer ausgewachsenen Kakerlake an der hohen Decke eine Nacht lang friedlich teilen.

Fulu schläft längst nicht mehr, als wir gegen 7 Uhr früh aufbrechen, um die gestern verlorene Reisezeit aufzuholen. Und wir haben Glück. Denn unsere vage Hoffnung, dass die nur wenige Kilometer vor uns liegende Grenze zwischen den Provinzen Guanxi und Guizhou auch das Ende unseres Off-Road-Daseins bedeuten könnte, wird tatsächlich erfüllt und von lauten Jubelrufen unseres chinesischen Fahrers begleitet.

Da nun wieder Asphalt unter unseren Rädern ist, können wir die unfreiwillig unterbrochene Handbike-Tour heute also doch noch fortsetzen. Ham radelt auf seinem Fahrrad ganz in sich versunken durch die noch kaum erschlossene Landschaft, und ich weiß aus Erfahrung, dass er keine Löcher in die Luft starrt, sondern Bilder.

Die frische Morgenluft erleichtert unsere Anstrengungen, wir kommen überraschend gut vorwärts, und als wir in einem größeren Dorf an einer Grundschule vorbeifahren, sind wir für die uns auf dem Schulhof zuwinkenden Kinder eine große Attraktion.

Am dahinterliegenden Gebäude steht in großen chinesischen Schriftzeichen etwas geschrieben, das Hamlet mir schwer atmend und mit kleinen Schweißperlen auf der Stirn übersetzt. „Schickt eure Kinder in die Schule", ist dort zu lesen, „denn ohne Schulbildung bleibt ihr arm."

Auf der Weiterfahrt erklärt mir mein Freund, dass viele Eltern ihre Kinder hier auf dem Land heimlich zur Welt bringen, sie also nicht registrieren lassen und nicht zur Schule schicken, damit sie zu Hause bei der schweren täglichen Arbeit helfen können.

Dass erstgeborene Mädchen dabei immer noch unerwünscht und deshalb oftmals einem tödlichen Schicksal ausgesetzt sind, bestätigt nur wenig später ein großes buntes Plakat, das an einer alten Hauswand angebracht ist. „Bringt eure Kinder im Krankenhaus zur Welt", liest Hamlet mir vor, „zu Hause ist es zu gefährlich."

Die in China Anfang der 80er Jahre eingeführte Ein-Kind-Politik, die das rasante Bevölkerungswachstum eindämmen sollte, hat sich gerade in den autoritätsfernen ländlichen Gebieten immer noch nicht durchgesetzt. Selbst später getroffene Ausnahmeregelungen, die Bauernfamilien nach einem erstgeborenen Mädchen fünf Jahre später ein zweites Kind erlauben, haben nur wenig daran ändern können.

„Liebt eure Mädchen", steht in der nächsten Ortschaft auf einem weiteren großen Plakat, „denn als Mütter sind sie die Zukunft unseres Landes."

Und so lerne ich mit meinem Handbike fernab des wirtschaftlich boomenden China auch die andere Seite dieses Landes kennen, das noch kaum erschlossene und rückständige China, das sich in seiner großen Armut mit ganz anderen, existenziellen Problemen auseinandersetzen muss, das sich Fernseher, Waschmaschine oder Staubsauger nie und nimmer leisten kann und das von PC, Handy oder DVD noch nie etwas gehört hat.

Ich spüre die Last meiner Gedanken und versuche, nicht weiter einzutauchen, sondern jetzt einfach nur hier zu sein, hier, fernab der namhaften Welt in der Provinz Guizhou, in der es laut Reiseführer in entlegenen Berggebieten Pandabären und Stumpfnasenaffen gibt.

Ich bin wieder zurück in der Landschaft und sehe, wie sich die schroffen Berggipfel in der fahlen Sonne störrisch emporrecken, wie fremde Täler hinter grauen Schattenseen schlummern und wie die bewaldeten Berghänge, von keiner Zivilisation bedrängt, schläfrig und faul in einer endlos-weiten Einsamkeit liegen. Einen Horizont im üblichen Sinn, als durchgezogene Grenzlinie zwischen Himmel und Erde, gibt es nicht. Der Himmel als mächtige, randlose Glocke über allem.

Als wir weiterradeln, folgen uns plötzlich drei Jungen auf ihren klapprigen Fahrrädern, lachen uns zu und fahren kilometerweit mit uns um die Wette. Bei einer kurzen Pause auf einer kleinen Anhöhe will mein wieder schwer atmender Freund von den Kindern wissen, warum sie heute nicht in der Schule sind.

Doch die drei lachen nur und geben vor, Ham nicht zu verstehen. Vermutlich ist das tatsächlich so, denn nur wenige Menschen in den ländlichen Gebieten beherrschen das Hochchinesisch, und die meisten leben ganz und gar in ihren Dialekten.

Unser Abschied von den Jungen ist daher ohne Worte, aber mit sechsmal festem Händedruck und langem Winken bei der Abfahrt nach Rongjiang.

Entlang des Flusslaufes kommen wir durch zahlreiche kleine Dörfer, in denen sich eine friedliche Abendstimmung ausgebreitet hat. Frauen, gebückt unter der Last großer Reisigbündel, kehren heim von der täglichen Arbeit auf den Feldern, und bunte lachende Kinder reiten auf vollbepackten Mauleseln stolz nebenher.

Etwas abseits, vor der abbröckelnden Fassade eines größeren Hauses, sitzen drei alte Männer, schweigend, ganz und gar in sich gekehrt und bereit, so scheint es, die letzten Abenteuer ihres Lebens im Innern auszutragen.

Die Luft über dem Tal ist warm und klar, von fast anmutiger Fremdheit, und hüllt die Bewohner ein in jene tröstliche Zeitlosigkeit, die das ganze Leben zu einem einzigen Augenblick werden lässt. Es ist, als ob der Abend sehr behutsam seine große Hand ausstreckt, das ganze Dorf darin einfängt, es sanft aufnimmt aus dem Tag und es einfach nur anschaut mit einem Blick, dessen absichtslose Zärtlichkeit sich widerspiegelt in den Bewegungen und Gesichtern der Menschen.

Kurz nachdem ich sentimental geworden bin, erreichen wir die 320.000 Einwohner-Stadt Rongjiang und finden gleich im ersten Versuch ein kleines Hotel, in dem eine Bleibe im Erdgeschoss frei ist. Zwei alte Chinesen, offenbar ein Ehepaar, nehmen uns sehr freundlich auf und helfen sogar beim Transport unserer Koffer und Taschen.

Das Problem mit der zu engen Türöffnung zum Bad, in das

ich mit dem Rollstuhl nicht hineinkomme, löst Hamlet, indem er die großen Reifen abnimmt, mich hineinschiebt, im Rollstuhl auf einem kleinen Holzhocker absetzt und die Reifen drinnen wieder anbringt.

„Geht doch alles, Mister Bergmann", sagt er vor dem Einschlafen mit seinem Gutenacht-Gesicht, „und heute wirst du doch sicher wieder irgendetwas Schönes träumen, oder?!"

„Du bist der erste, lieber Hamlet, den ich's wissen lasse", antworte ich erschöpft, aber froh um diesen wertvollen Tag, und nach einem letzten großen Gähnen lege ich mein Buch beiseite und schalte das kleine Licht am Nachttisch aus.

Beim Frühstück mit Suppe, Brot und Tee, das uns die beiden Alten liebevoll servieren, erzählt mir Ham von der riesengroßen Enttäuschung, als er bei seinem ersten Zoobesuch als Vierjähriger feststellen musste, dass Elefanten ja gar nicht rosafarben sind.

Außerdem hat er heute morgen Muskelkater und fühlt sich, „als würden Tausende von weißen und roten Blutkörperchen in meinem Körper um die Wette tauziehen."

Dagegen, rate ich ihm, hilft am besten lockeres Ausfahren mit Fahrrad und Handbike, und da er nicht widerspricht, machen wir uns eine halbe Stunde später auf den Weg nach Norden Richtung Kaili.

Ganz langsam, je weiter wir fahren und je öfter sich die stets gleichen Eindrücke in den malerischen Dörfern entlang der Strecke wiederholen, ganz langsam beginne ich, etwas immer deutlicher vor mir zu sehen. Es ist die hellwache Ahnung von einem anderen Leben, von einem Leben, das so kompromisslos anders ist als alles, was ich bisher selbst gelebt habe. Ferne Kindheitserinnerungen an Zeltnächte, an Lagerfeuer und Nachtwanderungen kommen dem Gefühl noch am Nächsten, das diese Dörfer und Menschen in mir wachrufen.

Es ist die Ahnung von einem Leben in und mit der Natur, von Regen auf der Haut, Sand unter den Füßen, dem Geruch von Wald und Erde, von klarer Luft, die wohlig einhüllt, von Sonne, die wärmt, und von Wind, der kühlt und durch die Baumwipfel streift, von dem Geruch des auflodernden Feuers, vom Hunger beim Anblick gerade zubereiteter Speisen, von Kinderspielereien über Stock und Stein, von Nachbarn, die sich seit Generationen kennen, von alten Menschen, die zusammen vor den Häusern sitzen und einfach dazugehören, – von einem menschlichen Maßstab, den wir in der modernen Zivilisation so häufig schon verloren haben?!

Aber könnte ich denn heute überhaupt noch so leben?

Schon seit mehr als zweihundert Kilometern gibt es kaum noch Telefon oder Elektrizität, damit also auch kein Fernsehen, kein Radio, kein warmes Wasser, noch nicht einmal eine Leselampe am Bett.

Und wenn die Nacht kommt, kommt sie ganz und gar. Irgendwo lodert dann ein Feuer, um das man sich sammelt, isst und schweigt. Und dann? Was sie wohl danach noch machen? Schlafen gehen wahrscheinlich, und am nächsten Morgen wieder mit der Sonne aufstehen.

„Hey Meister!" Hamlet ruft mich aus meinen Gedanken zurück auf die Straße, auf der uns eine Herde schwerer Wasserbüffel den Weg versperrt. Zwei Bauern, deren ungewöhnliche Kleidung sie einer der zahlreichen ethnischen Minderheiten zuordnet, kommen mit freundlichen Gesichtern auf uns zu und erklären Ham, dass sie mit den Tieren auf dem Weg zu einem Volksfest der Miao sind, das heute in einer nahegelegenen Ortschaft stattfindet. Die Miao, das habe ich im Reiseführer gelesen, sind ein indigenes Volk Ostasiens, das hauptsächlich in den bewaldeten Bergregionen von Südchina, Laos, Thailand und Vietnam lebt.

Die beiden Männer laden uns ein, ihnen in das Dorf Longji zu folgen, und so werden wir wenig später völlig ungeplant und zufällig Zeugen eines Volksfestes, das von Tausenden bunt gekleideter Menschen gefeiert wird.

Überall gibt es kleine Verkaufsstände, Fleisch und Gemüse werden frisch zubereitet, man isst, redet und gestikuliert, Jugendliche fahren stolz auf kleinen Mofas durch die staubigen Straßen, und auch an den Berghängen ringsum haben sich auffallend viele Menschen versammelt.

Warum sie das tun, zeigt sich schon bald. Denn der Höhepunkt dieses Festes sind die Kämpfe der Wasserbüffel in einer kleinen grasbewachsenen Ebene. Jedes der fünf umliegenden Dörfer hat seinen stärksten Büffel mitgebracht, der nun im direkten Kampf mit seinem Widersacher zeigen soll, dass sein Dorf das beste ist.

Während ich das alles, so viel und so gut ich nur kann, beobachte, nehmen mich die verschiedenen Miao-Gruppen, die in lauter Unterhaltung hier und da zusammenstehen, nur am Rande wahr, so als wäre ein europäischer Rollstuhlfahrer für sie etwas völlig Alltägliches. Nur selten folgt mir ein längerer, verhalten neugieriger Blick, und ich bin froh, ein ganz normaler Besucher dieses großen Festes zu sein, ein Besucher, der auch mit seiner kleinen Filmkamera niemanden zu stören scheint.

Wenn sich Blicke dann doch unvermittelt treffen, sind sie stets offen und freundlich, und die gelegentlichen Kontakte mit Augen, Gesten und Zeichensprache hätte ich gerne mit meiner Kamera aufgenommen.

Da es schon früher Nachmittag ist und wir bis zu unserem heutigen Zielort Guiyang noch mehrere hundert Kilometer vor uns haben, drängt Hamlet zur baldigen Weiterfahrt. Nach dem raschen Verladen unserer sperrigen Fahrradausrüstung sitzen wir wieder neben Herrn Dong in seinem von Lehm und Sand ziemlich verschmutzten Kleinbus, und auf gut asphaltierter Strecke erweist sich unser Fahrer auch heute wieder als ein echter Glücksgriff. Herr Dong, der auf eine sehr angenehme Art schweigen kann, ist ein rund 50-jähriger schlanker Mann mit lichtem schwarzen Haar und sonnengebräunter Haut – ein Gesicht, das gelebt hat und das davon erzählt.

Die kurvenreiche Straße führt hinauf in ein stark bewaldetes Gebirge und zwingt ihn zu voller Konzentration. Und schon nach den ersten Kilometern wird deutlich, dass er um die noch zurückzulegende Strecke nach Guiyang weiß, denn er sitzt heute nicht einfach am Steuer, kuppelt, bremst und schaltet Gänge, sondern er will wirklich möglichst schnell von einem Ort zum anderen.

Wie ein Wiesel hockt er auf seinem erhöhten Sitz, unser Fahrer, mit gekrümmtem Rücken weit nach vorne gebeugt, wie zum Sprung durch die grau verschmierte Windschutzscheibe bereit, den Blick starr auf die sich immer wieder neu öffnende Straße gerichtet, so als wolle er die Strecke, schneller noch als mit dem Bus, mit den Augen durcheilen.

Die Menschen am Straßenrand gehen ihrer Arbeit nach, einer Arbeit, die mich oft an mittelalterliche Szenen erinnert, etwa wenn der alte Bauer auf einem klapprigen Holzkarren von einem Esel durchs Dorf gezogen wird. Doch egal, was sie auch machen, diese Menschen am Straßenrand, die nicht verbergen können, dass sie arm sind und oft nicht mehr als das Allernötigste zum Leben haben, egal welcher einfachen Arbeit sie auch nachgehen, sie alle vermitteln mir den Eindruck, dass sie gerne leben.

„Und wir?", frage ich meinen Freund bei einem kurzen Tankstopp, „Wir Gutversorgten aus der Ersten Welt, leben wir eigentlich auch gerne?" Eine Frage, die nachdenklich macht, findet ganz offenbar auch Ham.

Als wir schließlich spät am Abend in Guiyang ankommen und unser Gepäck vom Hotelpersonal bereits an die Rezeption gebracht worden ist, rolle ich noch einmal zurück zum Auto, um mich bei unserem sympathischen Fahrer zu bedanken.

„Sie sind ein sehr guter Chauffeur, Herr Dong", sage ich einen kräftigen Händedruck lang, und nach Hams Übersetzung lächelt er stolz und nickt mir wie zur Bestätigung zu.

In Guiyang, so erzählt er nun, hat er vor mehr als 30 Jahren seinen Führerschein gemacht und danach viele Jahre in Lhasa, der Hauptstadt des Autonomen Gebietes Tibet, gearbeitet.

Wieder ein chinesisches Gesicht, das eine Geschichte bekommt, denke ich dankbar, während im Hintergrund die warmen dunklen Augen von Herrn Dong behaglich lachen.

Die Nacht empfängt mich unter einem wolken-, aber auch sternenlosen Himmel, als ich später gegen 23.30 Uhr alleine das Hotel verlasse, um irgendwo in der Nähe schnell noch etwas Warmes zu essen.

Schon bald, gerade mal zwei Querstraßen weiter, höre ich wieder das inzwischen vertraute Geräusch laut quietschender chinesischer Bremsen, aber diesmal geschieht endlich, worauf ich so lange schon gewartet habe: es knallt, es knallt wirklich!

Und wenn ich mich auch mit der reinen Akustik zufriedengeben muss, als Augenzeuge um Sekundenbruchteile zu spät, bin ich immerhin noch rechtzeitig genug am Tatort, um das Nachspiel eines Zusammenpralls zweier Welten mitzuerleben.

Ein alter Stadtbus und eine amerikanische Chevrolet-Karosse stehen im spitzen Winkel nebeneinander – ein Bild, denke ich spontan, das von Edward Hopper hätte gemalt werden müssen. Bei beiden Fahrzeugen gibt es größeren Blechschaden, aber im ersten Eindruck hat sich glücklicherweise niemand verletzt.

Den Unfallhergang stelle ich mir etwa so vor: Der silbergraue Chevrolet kommt von oben heruntergebraust, vermutlich in recht flotter Geschwindigkeit, zu der das kostbare Fabrikat den Fahrer hin und wieder verleitet, kreuzt dann unter Missachtung aller Vorfahrtsregeln die größere zweispurige Straße im rechten Winkel und rammt den von links kommenden Stadtbus mit, laut Akustik, imposanter Wucht.

Dem Bus entströmt nun eine zurückhaltend empörte Menschenmenge, einfache, schlicht gekleidete Bürger dieser Stadt, die miteinander gemeinsam haben, dass sie sich alle kein Taxi leisten können. Dagegen dürfte der kleine dickliche Herr, der sich nun mühsam aus dem ledergepolsterten Fahrersessel des Chevi zwängt, in seinem Alltag wohl kaum ein Taxi benötigen, jedenfalls bis vor wenigen Augenblicken nicht.

Da Angriff vermutlich auch in Guiyang die beste Verteidigung ist, macht sich der kleine Dicke in Anzug und Krawatte gleich lautstark Luft und bedrängt den blau uniformierten älteren Busfahrer mit wilden Worten und Gesten.

Mehr oder weniger zufällig sehe ich kurz darauf, wie abseits der inzwischen vielstimmigen Unfalldiskussion dem Chevrolet auf der Beifahrerseite eine junge langbeinige Frau im neongelben Mini entsteigt. Sie ist jung, wie gesagt, die eilige Beifahrerin, viel zu jung für den kleinen Dicken, und mit kurzen schnellen Schritten entschwindet sie dem Unfallort in die erstbeste Seitenstraße, das alles ohne Blick zurück, zielstrebig, eine Flucht, so wirkt es auf mich, eine gelungene Flucht, weil von keinem außer mir, dem Unbeteiligten, bemerkt.

Währenddessen geht die große Gestikuliererei vor dem Bus weiter, zunächst noch ohne, bald darauf dann mit Polizei, wobei der Dicke, den ich mir als feisten, korrupten Geschäftemacher denke, herzerfrischend zu lamentieren beginnt.

Als er schließlich zusammen mit dem äußerst ruhigen Busfahrer im Polizeiwagen Platz nehmen muss, vermutlich zwecks Vernehmung im städtischen Hauptbüro, als sich das alles also wie ein altbekannter Filmausschnitt aus einer deutschen Vorabend-Soap vor meinen Augen abspielt, dürfte sie, Madame im neongelben Mini, schon längst wieder zurück in vertrauter Umgebung sein und heute nacht in hoffentlich angenehmerer Gesellschaft ihr Geld verdienen.

4. Weiter nach Xi'an und Richtung Norden nach Pingyao

Gegen 11 Uhr sind wir pünktlich am unscheinbaren Flughafen von Guiyang und erhalten am Check-in von *Sandong Airlines* nach dem inzwischen schon gewohnt langen Diskutieren unsere Bordkarten für den 12.30 Uhr-Flug nach Xi'an.

Auch hier stellt alles Bürokratische zunächst wieder ein größeres Problem dar, dessen Lösung ungeheuer viel Zeit in Anspruch nimmt. In Vorschriften und Anordnungen findet der Chinese allem Anschein nach immer eine Lösung, aber da mein Rollstuhl in diesen Vorschriften und Anordnungen offenbar auch am *Guiyang-Airport* nicht vorkommt, herrscht beim bemühten Flughafenpersonal wieder einmal allgemeine Ratlosigkeit.

Erneut muss Hamlet halbstundenlang mit wechselnden autoritären Gesichtern diskutieren, ehe ich mit meinem geheimnisvollen Rollstuhl dann doch durch die strengen Sicherheitskontrollen zu unserem Abflug-Gate darf.

Da Hamlet anschließend auch noch bei einem Cargo-Service das Handbike auf direktem Wege nach Peking aufgeben muss, und da auch das natürlich wieder seine chinesische Zeit in Anspruch nimmt, kommt er erst in allerletzter Sekunde in das schon wartende Flugzeug.

In erneuter Ermangelung eines Flugzeug-Rollstuhls muss er mich dann auch diesmal wieder bis auf meinen Sitzplatz tragen. Vom Check-in bis hierher auf Sitz 2b war das fast eine Kopie des großen bürokratischen Durcheinanders bei unserem ersten Inlandsflug von Hangzhou nach Guilin.

Erst auf Chinesisch, dann in dem längst vertrauten chinesischen Englisch teilt uns der Bordlautsprecher mit, dass wir aller Voraussicht nach in gut zwei Stunden in Xi'an landen werden. Im Regen von Xi'an, wie sich dann leider zeigt. Zum ersten Mal auf dieser Reise hängt der Himmel tief über dem Land, das gewohnte Blau ist verschwunden und hat einem tristen Oktobergrau Platz gemacht.

Trotzdem kann mich die rund vier Millionen Einwohner

zählende Hauptstadt der Provinz Shaanxi hinter dem beschlagenen Taxifenster gleich im ersten Eindruck für sich gewinnen. Straßen, Plätze, Gebäude und Geschäfte vermitteln eine angenehme Atmosphäre, haben eine stimmige Größe, einen menschlichen Maßstab, der für mich in chinesischen Großstädten sonst so oft verloren geht.

An einer großen Bushaltestelle in der Innenstadt wirbt ein bekannter Hersteller von Nass-Rasierern mit drei westlichen Sportstars für sein Produkt. Rechts und links der ultra-scharfen Klingen lächeln Roger Federer, Thierry Henry und Tiger Woods bestens rasiert um die Wette. Nach verstohlener Überprüfung meines vertrauten Drei-Tage-Bartes frage ich mich verwundert, wie viel Geld das Unternehmen für die glatt rasierte Präsenz dieser drei Topstars wohl bezahlen musste.

Und erst, als wir schon einige Straßenkreuzungen weiter sind, stelle ich mir dann die eigentliche Frage, die nämlich, warum ausgerechnet im Reich der Mitte eine so aufwendige Werbung für Rasierklingen gemacht wird, hier, wo doch kaum ein Chinese einen richtigen Bart zustande bringt.

Während Ham sich auf eine erste Erkundungstour macht, hält mich der Regen im Hotel fest. In Bauchlage auf dem Bett kann ich gleich zwei nützliche Dinge miteinander verbinden. Zum einen meinen Hintern entlasten und zum anderen ein Buch zur Hand nehmen, das mir ein Freund im Wissen um meine Reise geschenkt hat. Es trägt den Titel „Der Berg der Seele" und wurde von Gao Xingjian geschrieben, einem chinesischstämmigen Erzähler und Regisseur, dessen Werke unter Mao Zedong in China verboten wurden und der inzwischen als französischer Staatsbürger in Paris lebt. Auf der Umschlag-Innenseite lerne ich, dass Gao im Jahre 2000 den Literatur-Nobelpreis erhalten hat, und insgeheim schäme ich mich wieder mal für meine traurige Halbbildung, in der dieser Name überhaupt kein Wiedererkennen auslöst.

Die deutsche Übersetzung des chinesischen Originals, deren sprachliche Problematik ich nur erahnen kann, scheint mir schon auf den ersten Seiten sehr gelungen zu sein, zumindest ist der besondere Stil des Autors auch im Deutschen greifbar.

Als es nach den ersten rund 50 Seiten draußen vor dem Fenster etwas heller wird, mache ich mich dann doch noch auf den Weg in die inzwischen vom Regen verschonte Innenstadt.

Ich vertraue einfach auf mein Glück, und an der Bushaltestelle treffe ich tatsächlich zwei niederländische Studenten, die ebenfalls ins Zentrum wollen und die mir freundlich und gekonnt in den Bus helfen.

„Haben Sie genug Platz?", fragt mich kurz darauf in fließendem Englisch der schwergewichtige Mann, der sich im Bus auf den letzten freien Platz an meine Seite gesetzt hat. Mühsam rutscht er auf dem schmalen Sitz hin und her und wischt sich mit dem langen Ärmel seines Hemdes die hell glitzernden Schweißperlen aus Gesicht und Stirn.

Seine Frage, so scheint mir, ist Ausdruck einer höflichen Verlegenheit, die er nicht selbst gewählt, sondern die sich ihm Pfund um Pfund aufgedrängt hat, und offenbar erwartet er auch keine Antwort von mir.

Während er nun umständlich in seiner mit Büchern gefüllten Aktentasche kramt und schließlich mit einem zufriedenen Lächeln Stift und Notizblock hervorholt, stellt sich mir mein neuer Nachbar als Literatur-Dozent der Universität von Chongqing vor.

Bei den ersten gemächlichen Schritten unserer Unterhaltung fällt mir der langsame, abwägende Tonfall seiner Sprache auf, man fühlt geradezu, wie er die englischen Worte aus einzelnen Buchstaben zusammensetzt, dazu noch dieses zufriedene, gütige Lächeln, wie man es bei Menschen solchen Umfangs zu kennen glaubt.

Ob ich auch chinesische Literatur gelesen habe, möchte Herr Ming schließlich wissen, und da ich ja tatsächlich gerade das Buch von Gao Qingjian zur Hand genommen habe, deutet er mit einem anerkennenden Kopfnicken an, dass er mit mir in dieser Unterhaltung einen guten Gesprächspartner gefunden hat.

Ja, „Der Berg der Seele", das sei wirklich ein lesenswerter Roman, allerdings manchmal zu stilisierend in der Darstellung, wie im übrigen die meisten autobiographischen Texte, und eigentlich nicht Gaos bestes Buch. Ich solle unbedingt noch die Werke zweier zeitgenössischer Autoren lesen, die das politische China dem Ausländer weitaus besser verständlich machen, deren Namen ich mir allerdings nicht merken konnte.

Unversehens hat sich Herr Ming in eine wahre Erregung hineingeredet. Seine Augen leuchten hell, und auf der Stirn zeigen sich wieder zahllose glitzernde Perlen aus Schweiß.

Nach einem gewagten Bremsmanöver unseres Busfahrers, das ihn für kurze Zeit aus dem Konzept bringt, erkundige ich mich, ob man in China auch Übersetzungen deutschsprachiger Autoren finden könne. Ich denke dabei natürlich an die naheliegenden Klassiker, an Goethe und Schiller zum Beispiel, an Hesse, Rilke oder Mann.

Umso erstaunter bin ich, als mir mein Lehrer nach kurzer Überlegung einen anderen Namen nennt, der ihm ein freudiges Strahlen entlockt und der ihn erneut zu einem längeren Vortrag anregt: Bertolt Brecht.

Und dann doziert Herr Ming über episches Theater und politische Literatur, streitet über die Macht der Ideologien und die Zwänge der Gesellschaft, und als sein Zielort ihn Minuten später zum Aussteigen zwingt, verabschiedet er sich mit einem freundlichen Händeschütteln unter echten Literaturliebhabern.

Zurück bei mir im Bus bleiben Gao Quingjian und Bertolt Brecht und draußen vor dem Busfenster der ganz normale Alltag von Xi'an.

Zwei Haltestellen später steige ich mit den beiden Niederländern aus und lasse mich ziellos durchs Zentrum treiben. Mit einem Mal fällt mir auf, dass die vielen Fußgängern mich auch hier nicht auffällig intensiv beobachten oder gar begutachten. Zwar gibt es den ein oder anderen längeren Blick, aber der kann genauso gut dem Fremden gelten wie dem Rollstuhlfahrer. Oder auch beiden. In jedem Fall fühle ich mich hier im lebendigen Zentrum von Xi'an sehr wohl, und das Café in einer kleinen überdachten Einkaufspassage hat sogar noch einen freien Tisch für mich, an dem ich sitzen, die Welt beobachten und in einer englischsprachigen Zeitung lesen kann.

In der wöchentlich erscheinenden *Beijing Today* fällt mir auf der zweiten Seite ein Artikel auf, der ein ziemlich verrücktes chinesisches Vorhaben sehr euphorisch anpreist. Die Olympische Flamme soll auf ihrem Weg von Athen nach Peking, als Höhepunkt im wahrsten Sinn, auch über den Mount Everest getragen werden. Zu diesem Zweck musste eine 20 bis 30 Zentimeter große Flamme entwickelt werden, die Windböen von 25 bis 33 Meter pro Sekunde und schweren Regenfällen von mehr als 50 Millimeter pro Stunde widerstehen kann und die auch in der dünnen, sauerstoffarmen Hochgebirgsluft ihre Brennkraft nicht verliert. Die chinesische Regierung hat sich diese gewagte Konstruktion einiges kosten lassen, und nach den letzten Labortests scheinen sich die großen Investitionen gelohnt zu haben. Vom *Mount Everest* ist allerdings nur einmal die Rede, dann nämlich, als der eigentliche chinesische Name des Berges übersetzt wird, „... known in the west as Mount Everest ...". Denn der höchste Berg der Welt heißt ursprünglich *Qomolangma*, übersetzt *Mutter des Universums*, und gehört nach chinesischer Meinung nicht etwa zum Staate Nepal, sondern zum Reich der Mitte.

Von mir aus. Ein ausgeprägter Nationalismus findet überall auf der Welt seinen Platz, warum also nicht auch hier in China?!

Aber vielleicht können die Olympischen Sommerspiele tatsächlich dazu beitragen, dass dieses mächtige Land aus seinem großen Kokon schlüpft, sich nach außen öffnet und damit die starken nationalen Strömungen umleitet in tolerantere Richtungen.

Ich freue mich jedenfalls darauf, wenn die Welt hier im August 2008 zu Gast sein wird, *zu Gast bei Freunden*, da bin ich sicher, so wie bei der beeindruckenden Fußballweltmeisterschaft 2006 in Deutschland.

Und mehr noch freue ich mich auf die Paralympics, die zwei Wochen nach den Spielen im September in Peking ausgetragen werden und von denen wir so umfangreich und detailliert wie nie zuvor berichten werden.

Als ich aufschaue, um nach der Bedienung zu suchen, fällt mir ein junger Chinese auf, der wenige Meter entfernt wie ich alleine an seinem Tisch sitzt und auf irgendetwas zu warten scheint. Er ist auf eine unauffällige Weise elegant gekleidet und blickt, den Kopf auf die linke Faust gestützt, ausdruckslos und starr vor sich auf die beige-braun gemusterte Tischplatte. Selbst aus dieser Distanz wirkt er unruhig-konzentriert, fast verbissen, und es scheint geradezu, als suche er weit entfernt, an einem Ort, wo niemand sonst hinreicht, die Antwort auf eine Frage, deren Lösung sein weiteres Leben bestimmen wird.

Kurz darauf wird er von einer langbeinigen Schönheit abgeholt, die zwei gut gefüllte Ledertaschen mit sich trägt, und als die beiden nebeneinander in der Einkaufspassage verschwinden, bin ich mir nicht sicher, ob sie für ihn immer noch die Frage oder vielleicht doch schon die Lösung ist.

Als ich Hamlet am frühen Abend im Hotel wiedertreffe, steht er unschlüssig an der Rezeption und kaut Pistazien.

„Seit ich verheiratet bin, Meister, kann ich alle Fehler vergessen, die ich je gemacht habe", lässt er mich trübsinnig wissen,

„weil es doch völlig unnötig ist, dass sich meine Frau und ich dasselbe merken."

Telefonische Kritik aus Malaysia?

Ich frage lieber nicht nach, sondern schlage ihm ein schönes Restaurant in Hotelnähe vor, in dem ihn wenig später eine große Portion Kuhmagen zum Abendessen etwas friedlicher stimmen kann.

„In jeder Ehe kommt irgendwann die Zeit, in der man andere Männer um ihre Schwerhörigkeit beneidet", grummelt er mir dann vor dem Einschlafen noch zu, grinst dabei aber schon wieder, und ich weiß genau, wie sehr er sich auf seine kleine Familie freut.

Bei einem wieder mal üppigen chinesischen Frühstück liest mir Hamlet aus einer regionalen Tageszeitung vor. Ein 60 Jahre alter Mensch hat im Durchschnitt 175.000 Stunden verschlafen, erfahre ich beim ersten Kaffee, das sind rund 20 Jahre seines Lebens. Ham wirkt betroffen und ist dankbar für die Information am Ende des Artikels. „Immerhin 23.800 Stunden, also fünf Jahre davon, träumt der Mensch."

Was für eine Zahl, fünf träumerische Jahre. Und plötzlich fallen mir ein paar Minuten von diesen fünf Jahren aus der vergangenen Nacht wieder ein, und Hamlet will natürlich Genaueres wissen.

Also gut, ich versuche, mich zu erinnern.

Es ist Sommer, so unglaublich viel hellblauer Himmel, so viel Sonne, die alles bestimmt.

Ham und ich sind wieder in Südfrankreich unterwegs, irgendwo unweit der Côte d'Azur.

Als wir in unserem schwarzen Cabriolet aus den Bergen nach Nizza hinunterfahren, merke ich am Steuer plötzlich, dass die Bremsen zunächst schlecht, dann überhaupt nicht mehr funktionieren.

Im Stadtverkehr angekommen, manövriere ich den Wagen

immer verkrampfter und kopfloser, während Ham sich auf dem Beifahrersitz an den architektonischen Schönheiten von Nizza erfreut und mit tröstender Stimme sagt: „Du kannst es nicht ändern, Marcel, das ist der Lauf der Dinge."

„Du kannst es nicht ändern", wiederholt er und lacht in die hochstehende Sonne.

Unaufhaltsam steuern wir nun in unserem führerlosen Cabriolet auf das tiefblaue Mittelmeer zu und finden auch auf dem goldgelben Strand keinerlei Halt (dabei hat Nizza gar keinen Sandstrand, das weiß ich doch).

Als wir schließlich in das laut aufspritzende Wasser eintauchen, übernimmt der Wagen sofort alle Eigenschaften eines Motorbootes und trägt uns sicher durch die heranbrechenden Wellen.

Hams ausgelassene Freude, er lacht, eine Hand im Wasser, wie ein Kind bei einer tollen Karussellfahrt.

Dann will er ans Steuer und fährt in einiger Entfernung zur Küste lange Schleifen parallel zum Strand, hin und her, immer wieder.

Ich betrachte ihn von der Seite, als sähe ich ihn zum ersten Mal, diesen ausgelassenen Chinesen, sein strahlendes Profil, sein greifbares Glück im Augenblick, das ich nicht teilen kann.

Denn mehr und mehr beunruhigt mich die Frage, wie wir wieder zurück an Land kommen sollen. Im Hafen jedenfalls, das weiß ich, ist kein Anlegeplatz mehr frei.

Ham dagegen gibt sich sorglos und schwärmerisch. Ohne mich anzusehen, fragt er mit einem sehnsüchtigen Lächeln: „Wie weit wäre es jetzt eigentlich noch bis Peking?"

Ein ziemlich eigenartiger Traum, zugegeben, und Ham grübelt noch ein bisschen, bevor er mir mit einstudiert sorgenvoller Miene rät, möglichst bald einen guten Betriebsarzt aufzusuchen.

Der Frühstücksreis mit frischem Gemüse und knusprigem Hähnchenfleisch schmeckt mir trotzdem, und gegen 9.30 Uhr machen wir uns dann im Taxi auf den Weg zu einem der kulturgeschichtlichen Höhepunkte dieser Reise.

Denn knapp eine Autostunde vom an diesem Morgen immer noch verregneten Xi'an entfernt befindet sich, nach chinesischer Definition zumindest, *das achte Weltwunder*, die inzwischen vom Tourismusverband bestens inszenierte Terrakotta-Armee des Ersten Kaisers von Ganz-China.

Als im März 1974 einige Bauern begannen, einen Brunnen zu graben, ahnte noch niemand, daß diese Männer einen der sensationellsten archäologischen Funde des Jahrhunderts machen würden.

Der grausame und gleichzeitig hochsensible Qing Shi Huang hatte, vermutlich aus panischer Todesfurcht, von rund 700.000 Arbeitern eine unterirdische Streitmacht errichten lassen.

Nach und nach kamen mehr als 7000 überlebensgroße Soldaten, Bogenschützen, Offiziere und Generäle zum Vorschein, in voller Rüstung und in Kampfformation aufgereiht, als ob sie nur noch auf den Befehl des Kaisers warten würden, in eine gewaltige Schlacht zu ziehen. Ihre breiten Gesichter, die die ethnische Vielfalt Mittelasiens widerspiegeln, strahlen Ernst und Entschlossenheit aus, wie es einer siegreichen Armee geziemte, mit deren Hilfe Qing Shi Huang ganz China unterwarf.

Sie alle sind im Stil der damaligen Zeit gekleidet, an ihren minutiös ausgeführten Rüstungen ist jede einzelne Panzerplatte deutlich erkennbar. Ihre Haare tragen sie seitlich in einem Knoten und – das ist das ganz Besondere an dieser tönernen Armee – jeder einzelne Soldat besitzt individuell modellierte Gesichtszüge, keiner gleicht dem anderen.

Sogar mit einigen kompletten hölzernen Kampfwagen wurde die Armee ausgerüstet, doch im Lauf der Jahrtausende ist das Holz fast völlig verrottet.

Diese schwerbewaffnete Streitmacht sollte die geplante Todesstätte des Kaisers verteidigen, weil nach seiner Überzeugung die Seele nach dem Tod weiterleben und damit auch zukünftig feindlichen Angriffen ausgesetzt sein würde.

Das alles wird uns von Frau Lucie Zhang in tiefvioletter Uniform genau erläutert. Sie gehört zu der anderen großen Armee, zur Armee der Touristenführerinnen, die bemüht sind, den jährlich rund zwei Millionen Gästen ihren Aufenthalt so kurzweilig und informativ wie möglich zu gestalten. Mit uns gelingt ihr das auf angenehme Weise, wenn auch ihr Englisch oft nur schwer zu verstehen ist und sich überwiegend anhört wie ein auswendig gelernter Kulturvortrag, den man per Knopfdruck abrufen kann. Wenn sie dagegen mit Hamlet Chinesisch spricht, ändern sich sofort ihre Gestik und ihre Gesichtszüge, und ich spüre, dass in meiner sprachlichen Abwesenheit plötzlich ein wirkliches Gespräch stattfinden kann.

Was mir aber auch von diesem eindrucksreichen Vormittag in Erinnerung bleiben wird, ist das traurige Bild des alten Mannes, der im großen Verkaufsladen voller buntestem Terrakotta-Armee-Schnickschnack alleine auf einem Stuhl sitzt und ausdruckslos ins Leere blickt. Klein und verfallen und müde sieht er aus, der alte Mann unter seinem alten Hut, und er muss hier wie im Zoo sitzen, weil er einer von zwei noch lebenden Bauern ist, die damals vor 33 Jahren zufällig beim Brunnengraben entdeckt haben, was dem chinesischen Staat heute viele Millionen Yuan pro Jahr einbringt.

Der alte Mann und das Heer ... von Touristen, die vor ihm stehen bleiben und in anglotzen wie eine wertvolle Kreuzung aus Glück und Genie. Ich rolle schnell weiter und lasse mich lieber von geschäftstüchtigen Verkäufern in chinesischem Englisch über „special price for you" und „best quality you can get" informieren.

Gegen 15 Uhr sind wir dann wieder zurück im immer noch grauen und verregneten Xi'an und riskieren zum ersten und sicher einzigen Mal auf dieser Reise einen Besuch im Fastfood-Restaurant bei *Mai Tang Lao*.

So wird *McDonald's* auf Chinesisch ausgesprochen, und nicht nur der Name klingt anders, auch die Verkaufsklassiker sind hier nicht dieselben.

Zwar gibt es, wie bei uns, natürlich Ham- und Cheeseburger, Cola und Pommes Frites, aber der Rest der Speisekarte dreht sich vor allem um *Chicken*, um Hähnchenfleisch in allen Variationen. Und jetzt verstehe ich auch, warum *Kentucky Fried Chicken* in China seit langem schon der Fastfood-Marktführer ist.

Nach dem Essen müssen wir noch rechtzeitig zum großen Bahnhof von Xi'an, um unsere Tickets für die morgige Weiterfahrt nach Pingyao zu kaufen.

„Das ist so ein Typ, der den Mund wahrscheinlich nur beim Zahnarzt aufmacht", sagt Ham. „Oder beim Schnarchen."

Derart liebgewonnen hat er einen blau uniformierten Angestellten der chinesischen Eisenbahn, der hinter dem Ticketschalter in der Bahnhofshalle sitzt und offenbar keine Lust auf Kommunikation hat.

Immerhin konnte Hamlet erfahren, dass unser Zug morgen Mittag um 12.35 Uhr abfährt und dass wir mindestens zwei Stunden vorher am Bahnhof sein sollen, um unsere Tickets zu kaufen.

Warum wir diese Tickets nicht schon jetzt kaufen und mitnehmen dürfen, bleibt trotz aller Nachfragen selbst für meinen chinesischen Freund ein Geheimnis.

„Auch das ist China", nörgelt er mir zu, und ich bin ziemlich überrascht, gerade die erste unmissverständliche Kritik am sonst doch stets gelobten China aus seinem Munde vernommen zu haben.

„Und dein liebstes Land?", lenkt Hamlet ab, als ich ihn später in der Stadt auf seine auffällige Begeisterung für fast alles Chinesische anspreche.

Ich insistiere lieber nicht, sondern denke kurz über seine Gegenfrage nach.

„Frankreich oder Spanien", antworte ich dann, „wahrscheinlich weil ich mich in beiden Ländern gleichzeitig fremd fühle – und doch zu Hause."

Gleichzeitig fremd und doch zu Hause ... Vielleicht, geht es mir durch den Kopf, vielleicht ist das ja überhaupt DIE Lösung im Leben, egal ob beruflich oder privat, gleichzeitig fremd und doch zu Hause zu sein.

Am Abend gönnen wir uns dann einen Besuch im *Shaanxi Grand Opera House*, in dem Tänze vor allem aus der Zeit der Tang-Dynastie dargeboten werden. Da es im Rollstuhl eigentlich keinen Platz im großen Zuschauerraum gibt, muss ich mich ganz am Rande nahe der Wand postieren, allerdings ohne deshalb irgendeinen entschädigenden Behindertenrabatt zu bekommen. Auch Ham muss, um in meiner Nähe zu sein, auf einem kleinen Stuhl im seitlichen Abseits Platz nehmen.

Dafür entschädigt uns die Vorstellung dann für die ungerechte Zurückstufung, und wir dürfen eine gute Stunde lang herrlich kostümierte Tänzerinnen und Tänzer bewundern, die mit ihren eleganten, ausdrucksstarken Bewegungen eine lang vergangene Epoche für Momente wieder aufleben lassen.

Vor allem die feingliedrigen Tänzerinnen fangen unsere aufmerksamen Blicke, und viel intensiver als bisher auf dieser Reise spüre ich die große Energie und Kraft, die die Chinesinnen mit ihrer so unglaublich zarten Ausstrahlung weitergeben. Einige der Darstellerinnen sind wirklich sehr schöne Frauen, und ihre grazilen Körper versprühen eine völlig unaufdringliche Erotik, die vielleicht gerade deshalb so reizend und verführerisch sein kann.

Warum wir nach dieser wunderschönen Aufführung dann auf der Rückfahrt zum Hotel ausgerechnet politische Themen diskutieren, weiß ich nicht zu sagen. Ham jedenfalls ist felsenfest davon überzeugt, dass die offene Anlehnung Chinas an die USA und an Europa, in Kleidung, Musik, Nahrung und Lebensstil, auch eine Form der Abgrenzung gegenüber dem wenig geschätzten östlichen Nachbarn Japan ist, dem man die grausamen Geschehnisse während des Zweiten Weltkriegs nicht verziehen hat.

Allerdings ist mir aufgefallen, dass hier trotzdem sehr viele japanische Produkte, vor allem elektronische Geräte und Autos, auf dem Markt sind.

„Die Wirtschaft", sagt Ham, „ist am Ende doch fast immer stärker als die Politik und setzt sich durch, so wie zum Beispiel auch bei euch in Deutschland 1989. Und das, was hier zur Zeit passiert, ist ja kein Klabauterkram. In China erleben wir den ersten kapitalistischen Kommunismus in der Geschichte der Menschheit, der tatsächlich funktioniert."

Ein Mann, ein Wort, lieber Hamlet. So darf ein schöner Tag zu Ende gehen.

Xi'an bleibt auch am Morgen unserer Weiterreise von tiefhängenden Wolken umlagert, und das Taxi zum Hauptbahnhof braucht gute Scheibenwischer, um im dichten Stadtverkehr den Durchblick zu behalten.

Ein weiteres Fortbewegungsmittel wird heute Teil unserer Reise werden, doch haben wir uns die Vorgeschichte zu unserer knapp neunstündigen Bahnfahrt nach Pingyao sicher einfacher vorgestellt, als sie sich dann gestaltet.

Schon das Menschenaufkommen im Bahnhof ist so gewaltig, dass ich mich im Rollstuhl ohne Hamlets Hilfe kaum hätte fortbewegen können und vermutlich niemals alleine am Ticketschalter angekommen wäre. Neugierige Gesichter starren uns an, als kämen wir aus dem städtischen Freiluft-Zoo, und ich starre freundlich zurück, so gut ich kann.

Trotz Hams sprachlichem Durchblick verirren wir uns irgendwann zwischen Rolltreppen, Wartesälen und Gleiszugängen, und erst eine uniformierte Bahnbeamtin, die sich unvermittelt um uns kümmert und auf Umwegen durch einen menschenleeren VIP-Bereich zum richtigen Abfahrtsgleis lotst, rettet schließlich doch noch unsere pünktliche Weiterreise.

Dass wir bei unserer chinesischen Bahnpremiere sehr viel Glück und Unterstützung brauchen, zeigt sich kurz darauf auch beim Einsteigen in den Zug, bei dem uns von vier Männern inklusive Zugschaffner tatkräftig geholfen wird. Mehrere starke Hände und Arme heben mich im Rollstuhl durch eine sehr schmale Eingangstüre in den Waggon Nummer 4, in dem zwei reservierte Liegeplätze frisch bezogen auf uns warten.

Pünktlich um 12.35 Uhr startet der Zug im Dauerregen von Xi'an Richtung Norden. Auch im engen Zugabteil fahren sie heute wieder mit, meine Phantomschmerzen, und nachdem ich sie mit einem starken Medikament betäubt habe, döse ich am Fenster vor grauem Himmel und grauer Landschaft bis zum nächsten Bahnhofshalt vor mich hin.

Hamlet hat unterdessen seine Fotoausrüstung auf einer Liege ausgebreitet und studiert intensiv verschiedene Handgriffe an seiner digitalen Spiegelreflex-Kamera.

Ich bin immer noch müde und lasse die Landschaft draußen vor dem Zugfenster wie einen Film an mir vorbeiziehen.

Die Bäume, die aus der Entfernung spielzeughaft klein erscheinen, wie dekoratives Zubehör für eine Miniatureisenbahn, stehen senkrecht im Wind, einsame Pfeiler, deren Konturen langsam im feuchten Dunst verschwinden, aufrecht wie vergessene Mahnmale in einer endlosen Weite, die man nicht mehr sieht, aber immer spürt, hinter allem spüren kann, wie die Asche eines langsam verlodernden Feuers.

Darüber ist nichts mehr, keine ziehenden Wolken, kein Horizont, der sich wölbt, Himmel und Sonne sind verschwunden. Sie sind zu einem schweren grauen Brei verlaufen, der sich wie eine niedrige Zimmerdecke auf das Land legt.

„Als wollte der Himmel der Erde einmal ganz nahe sein, einmal sie berühren", findet Ham, als ich ihn darauf hinweise, und ich genieße bewundernd die Nähe eines großen Poeten.

Feine Wassertropfen streichen über die Spielplätze der Fantasie und hüllen vor unserem Zugfenster alles ein, was nicht ständig in Bewegung bleibt.

Nur ein leiser Windhauch bleibt zurück, der, Tröstungen und Beschwichtigungen flüsternd, einsam über die Gleise streift.

Beim nächsten Halt in Yan'an steigt eine alte chinesische Bäuerin zu und setzt sich mir gegenüber in Fahrtrichtung ans Zugfenster. Nach einigen Momenten freundlicher Verlegenheit nickt sie mir lächelnd zu und bietet mir einen Schluck aus ihrer großen Wasserflasche an, den ich dankend ablehne.

Auch ich nicke nun und lächle, und wahrscheinlich wissen wir beide, dass ein Gespräch, ein wirkliches, zwischen uns kaum möglich sein wird. Ham, mein müder Dolmetscher, hat sich auf dem oberen harten Bett schlafen gelegt, und sein leises Schnarchen mit offenem Mund kann uns hier unten nicht richtig weiterhelfen.

So sitzen wir einander gegenüber, die alte chinesische Bäuerin und der deutsche Tourist, beide fortan freundlich schweigend, und schauen aus dem Zugfenster hinaus in die graue Dämmerung, die unserer Fantasie keine Grenzen setzt.

In Shenmu hat die Bäuerin dann ihr Ziel erreicht, und als sie, mit zahllosen Körben vollbepackt, das enge Abteil verlässt, lächelt sie mir noch einmal liebevoll zu und macht ein beschwichtigendes Zeichen mit der rechten Hand, das von einer großen Wärme begleitet wird.

Noch aus dem abfahrenden Zug winke ich ihr zu, als sie mit schweren Schritten eine schmale Steintreppe hinaufsteigt, dieser alten chinesischen Bäuerin, die ich ohne Worte ganz fest ins Herz geschlossen habe.

Unser Zug schleicht langsam weiter, und die Nacht, die plötzlich kommt, drückt sich auf wie ein schwarzer Stempel. Weit oben am sternlosen Himmel erkenne ich den silbernen Viertelmond, der von einer neuen Nacht im Oktober träumt.

Kurz nach 21 Uhr kommen wir endlich in Pingyao an und werden auf dem Bahnhofsvorplatz von einem Taxifahrer in Empfang genommen. Ham und ich dürfen in einem offenen Kleinbus Platz nehmen, und auf der rund zehnminütigen Fahrt zum Jinjinglao-Hotel fangen wir uns beide im kalten Oktoberwind eine richtig schöne Erkältung ein, die uns noch mehrere Tage lang begleiten wird.

Herr Wu ist der erste Taxifahrer, der dank eines mehrjährigen Aufenthaltes in London, Manchester und Edinburgh fließend Englisch spricht, fließend und zudem auch sehr gerne.

Sein imposanter Wortschwall, als dessen Inhalt ich zunächst die chinesische und dann auch die Weltpolitik zu erkennen glaube, lässt mir gerade mal Zeit, hier und da im geeigneten Moment ein beifälliges Nicken einzustreuen.

Als es dann schließlich auch um Germany geht, um die gelungene deutsche Wiedervereinigung, die Herr Wu mit dem Brustton chinesischer Überzeugung als geradezu vorbildlich auch für die Zukunft von China und seiner abtrünnigen Provinz Taiwan anpreist, bleibt mein Nicken für ihn auch weiterhin ausreichend.

Denn Herr Wu, der übrigens nicht nur ein wortreicher Redner, sondern auch ein flotter Taxifahrer ist, weiß längst, dass die deutsche Einheit ohne Mauer zwar immer noch viele andere Barrieren zu überwinden hat, sich aber in der nahen Zukunft endgültig vollziehen wird, da ist sich unser chinesischer Hobby-Politiker ganz sicher.

Zugegebenermaßen bin ich vom Thema überrascht, ziemlich dankbar, nichts Kluges von mir geben zu müssen, und ich merke deutlich, wie weit ich das alles hinter mir gelassen habe in den letzten Wochen.

Unser Hotel liegt mitten in der Stadt, und der erste nächtliche Eindruck ist vielversprechend, denn wir haben offenbar eine Zeitreise zurück ins blühende Mittelalter gemacht.

Dass allerdings gerade ausgesprochen historische Stätten für körperlich behinderte Menschen oftmals einem kaum zu bewältigenden Hindernisparcours gleichen, zeigt sich spätestens in dem mir zugedachten Zimmer, das zwar auch im Rollstuhl äußerst malerisch erscheint, mir aber kaum Bewegungsfreiheit lässt. In das kleine Bad komme ich erst hinein, als zwei Angestellte des Hotels die große alte Holztüre ausgebaut und in den wunderschönen Innenhof gestellt haben.

Die Toilette ist für mich so gerade erreichbar, die Dusche dagegen leider nicht. Deshalb bleibt mir statt der Dusche am Morgen nur eine gründliche Katzenwäsche. Aber das, denke ich mir, dürfte auch damals im mittelalterlichen Pingyao nichts Ungewöhnliches gewesen sein.

Schon seit Wochen, so sagt man uns beim frühen Frühstück an den großen Holztischen im Foyer des Hotels, schon seit Wochen sei Grau die bestimmende Himmelsfarbe über dem nördlichen Teil Chinas, und die Temperatur bleibt auch an diesem Morgen gehorsam einstellig.

Da es in den vergangenen Tagen in Pingyao häufig geregnet hat, sind wir froh um den hellgrauen Himmel, der uns vor dem Hotel begrüßt und der heute keine niederschlagenden Absichten zu haben scheint.

Herr Wu, der uns gestern Nacht am Bahnhof abgeholt hat, wartet schon gut gelaunt vor dem Hotel und leitet uns zu seinem außerhalb der innerstädtischen Zone geparkten Kleinbus.

Pingyao ist vielerorts noch gelebtes Mittelalter, und die nur sehr restriktiv zugelassenen Fahrzeuge wirken hier im Stadtbild oft wie moderne Fremdkörper.

Am Bus angekommen habe ich auch diesmal Glück, denn ich kann wieder in meinem Rollstuhl sitzen bleiben und werde von helfenden chinesischen Händen auf das offene Fahrzeug gehoben. So muss ich glücklicherweise nicht auf die harte Sitzbank übersetzen und eine Verschlimmerung der heute bei der morgendlichen Kontrolle bemerkten Rötung an meinem sensiblen Hinterteil befürchten.

Trotz Pullover und Jacke ist es frisch an diesem Morgen, und bei dem kühlen Fahrtwind bin ich froh um die Wollhandschuhe, die Herr Wu mir lächelnd anbietet.

Was wir rechts und links der asphaltierten schmalen Stadtstraßen sehen, sind zum Teil wunderschöne, gut erhaltene oder restaurierte Häuser aus längst vergangenen Zeitepochen.

Hinter einer verblichenen Fassade, an der wir gerade vorbeifahren, wohnt laut Wäscheleine über dem Hauseingang eine unerlaubt kinderreiche Familie, aus deren Reihen die Nummern 3, 8 und 10 der Fußball-Straßenmannschaft kommen.

Mancherorts stehen hoffnungslos überfüllte Müllcontainer, Stillleben aus Plunder und Plastik, aus Blech und Papier, Einwegflaschen und Pappkartons, und ich belächele mein heimliches Erstaunen darüber, dass eine Idylle so viel Abfall produzieren kann.

Pingyao ist zu dieser Zeit ein wahres Hunde- und vor allem Katzenparadies. Kaum ein Abfallhaufen oder Mauervorsprung, der nicht beherrscht wäre von einer kleinen Bande weiß-graubraun-schwarzer Promenadenmischungen, die gähnend und sich räkelnd den neuen Tag beginnen.

Irgendwo kräht ein Hahn seinen lauten Gruß in die engen Gassen, und die Atmosphäre an diesem Morgen ist geprägt von sorgloser Kommunikation mit dem einfachen Dasein.

Wenn nicht zu Fuß, dann sind die Menschen hier meist auf Fahrrädern oder wie wir im Bus-Taxi unterwegs, Einheimische und Touristen beim alltäglichen Einkauf. Selbst gelegentliche Einblicke in Seitenstraßen und Hinterhöfe, die jahrelangen Verfall und ungestörte Verwahrlosung preisgeben, können das positive Gesamtbild von Pingyao nicht trüben. Denn hier erscheint das Ärmliche und mitunter sogar Verrottete wie ein fester, dazugehöriger Bestandteil der Kulisse des ausklingenden Mittelalters, ganz anders als etwa in Shanghai, wo die kleinen verfallenen Häuserzeilen neben den gigantischen Wolkenkratzern wie eine Beleidigung oder, mehr noch, wie ein stummer Vorwurf wirken.

Die alte Stadtmauer von Pingyao ist noch komplett erhalten, und nachdem mich Ham und Herr Wu im Rollstuhl die lange Steintreppe hinauf zum Nordturm getragen haben, lassen wir es uns nicht nehmen, wenigstens die Hälfte der insgesamt 6,5 Kilometer langen Strecke auf der Stadtmauer zurückzulegen.

Dass Pingyao die am besten erhaltene alte Stadt Chinas ist und vor zehn Jahren in die Unesco-Liste des Weltkulturerbes aufgenommen wurde, lässt sich von hier oben bestens nachvollziehen. Wir nehmen uns Zeit, denn die Eindrücke sind nachhaltig, auch hier ist alles wieder einfach nur Gegenwart, das Mittelalter hat durchgehalten und kann sich stolz im 21. Jahrhundert zeigen.

Die Mittagszeit muss ich heute zum Liegen nutzen, um mein angegriffenes Sitzfleisch zu entlasten. Immerhin ist die Rötung nicht größer geworden, und nach der anstrengenden Stadtmauertour bin ich froh um diese chinesische Siesta.

Gegen 15 Uhr holt mich mein nimmermüder Freund dann pünktlich ab, um mir, wie schon seit längerem vorgehabt, in einem Teehaus die Regeln des chinesischen Schachspiels beizubringen.

Es ist unserem klassischen Schach verwandt, zielt ebenfalls darauf ab, den gegnerischen König, der hier ein General ist, matt zu setzen, weist dabei aber ganz entscheidende Unterschiede auf.

Mir fällt als erstes auf, dass unter den jeweils 16 einander gegenüberstehenden chinesischen Schachfiguren keine Königin, also keine Frau zu finden ist, während in unserem klassischen Spiel doch gerade die Dame die stärkste Figur ist.

„Frauen", sagt Ham kurz und trocken, „Frauen haben bei der Kriegsführung in China damals keine Rolle gespielt." Als Schüler nicke ich gehorsam, allerdings nicht, ohne leisen Zweifel zu hegen.

Hams Spielerläuterungen sind kurz und knapp und setzen ein strategisches Vermögen voraus, das ich leider nicht habe.

Nach einem ersten Einführungskurs durch meinen chinesischen Lehrmeister, gefolgt von zwei schnellen, ziemlich wehrlosen Niederlagen seines deutschen Schülers, möchte sich Ham noch vor Einbruch der Dunkelheit auf den Weg zu einem der zahlreichen Museen von Pingyao machen.

Da mein Rücken inzwischen deutlicher auf die ungewohnt große Beanspruchung reagiert, will ich die Zeit für eine zweite chinesische Massage nutzen. Im Gegensatz zu dem professionellen Salon in Guilin ist der kleine Laden hier nicht mehr als eine Verlegenheitslösung.

Doch auch wenn es eine ziemlich harte schmale Liege in einem ungemütlichen Raum mit schmutzigen Steinwänden ist, kann ich mich bei der einstündigen Massage für umgerechnet fünf Euro doch sehr wohlfühlen. Denn die kleine chinesische Masseurin geht sehr sensibel und selbstverständlich mit meiner Behinderung um, hilft mir beim Umsetzen auf die Liege, beim Ausziehen der Schuhe und beim anschließenden Auf-den-Bauch-Drehen, und lässt meinen verspannten Rücken mit ihren festen Händen zu neuem Leben erwachen.

Nach einer schnell vergangenen Stunde verabschiede ich mich mit einem kleinen Trinkgeld und einem dankenden Händedruck und nehme das liebevolle Lächeln der kleinen Chinesin mit in die abendlichen Gassen von Pingyao.

Kurz nach 19 Uhr treffe ich Ham im Hotel, er hat Gemüse und Fleisch gekauft und kocht uns eine leckere chinesische Suppe.

„Heute stellen die Frauen keine Haushaltshilfe mehr ein", erklärt er mir beim professionellen Würzen des brodelnden Eintopfs, „sondern sie heiraten eine."

Ich mag seinen Humor gerade in dieser Beiläufigkeit und muss bei seinem leckeren Essen noch einige Male schmunzeln. Zum Abschluss des Tages macht Ham dann wieder ernst und verabschiedet sich nach zwei erneut kurzen und einseitigen Schachpartien zufrieden in sein großes Bett.

Ich lese noch ein paar Seiten in meinem kleinen Pingyao-Reiseführer, und als ich gegen 23 Uhr einschlafe, ist mir gar nicht bewusst, dass heute schon die letzte Nacht in China ist, die wir noch außerhalb der großen Endstation dieser Reise verbringen. Denn morgen früh geht's weiter ... nach Peking.

5. Endstation Peking

Auch in dieser Nacht habe ich mal wieder geträumt, diesmal von einem Mann, der immer bei Sonnenaufgang – und nur dann – geniale Einfälle hat. Er wird von einem großen chinesischen Wirtschaftsunternehmen eingekauft, das ihn von nun an immer in Richtung Sonnenaufgang mit der entsprechenden Geschwindigkeit rund um die Erde fliegt.

Für Ham sind meine Träume, von denen ich ihm meist beim Frühstück erzähle, gelebte Unterhaltung und ein meist amüsanter Start in den neuen Tag.

Draußen vor dem Hotel ist der goldene Herbst doch noch in Pingyao angekommen, er strahlt an diesem Morgen von Stadtmauer zu Stadtmauer, als wolle er mit einem Male nachholen, was er zuvor wochenlang zurückgehalten hat.

Bauschige Wolken spazieren wie in Zeitlupe vor stahlblauem Himmel über uns hinweg, ein Himmelbetthimmel, findet Ham, und ich finde, dass er auch damit wieder Recht hat.

Ein letzter Spaziergang durch die schon früh belebten Gassen der Innenstadt lässt bei uns beiden zum ersten Mal ein bisschen Wehmut aufkommen in dem plötzlichen Wissen darum, dass in wenigen Tagen auch diese Chinareise schon wieder ihr Ende gefunden haben wird.

Gegen 12 Uhr brechen wir in einem von Herrn Wu organisierten Taxi auf zum rund anderthalb Stunden entfernten Flughafen von Taiyuan, von wo aus wir dann mit *China Eastern Airlines* nach Peking fliegen, in die „Nördliche Hauptstadt", wie Ham mir das chinesische *Beijing* wörtlich übersetzt.

Nachdem wir am Check-in-Schalter 23c fast eine halbe Stunde hinter einem monumentalen Inder und seinen drei ziemlich anti-autoritär erzogenen Sprösslingen warten durften, bis auch der letzte der insgesamt neun Familienkoffer administrativ versorgt war, bekommen auch wir unsere beiden Bordkarten, diesmal überraschend ganz ohne das herkömmliche große Theater.

Allerdings gibt es auch auf dem dritten Inlandsflug weder Sanitätsdienst noch Flugzeugrollstuhl, und so muss mich Hamlet wieder auf meinen Sitz in der ersten Reihe der Economy Class tragen.

Ich habe das Glück, mit meinem Sitznachbarn auf Anhieb sehr vertraut zu sein. Abdulrahman stammt aus Bahrein, lebt seit einiger Zeit aus beruflichen Gründen mit seiner Frau und seinen drei Söhnen in Kuwait und handelt, wie sollte es anders sein, mit Öl, so auch hier in China. Als ich ihn im Laufe eines längeren Gesprächs nach dem Umgang mit Behinderten in seiner Heimat frage, lässt er mich nicht ohne Stolz wissen, dass der Staat diese Menschen in seine Obhut nimmt, ihnen alle nötigen Hilfsmittel zur Verfügung stellt und nicht zuletzt auch auf behindertengerechte öffentliche Einrichtungen achtet.

Das Geld, das für eine so umfassende Versorgung von Behinderten fraglos nötig ist, vermehrt sich in den prosperierenden ölreichen Golfstaaten derzeit auf geradezu märchenhafte Weise, und es ist schön zu wissen, dass auch körperlich oder geistig benachteiligte Menschen davon profitieren dürfen.

Nach ungefähr der Hälfte des Fluges sehe ich durch mein Flugzeugfenster, wie der Himmel sich in neuen Farben malt. Von unten sendet die Erde ein Licht in Rosa und Orange, fast unwirklich in dieser Kombination, und oben antwortet ein stahlblauer Himmel, wie ein grenzenloser See aus Metall. Linien und Strukturen schimmern hell, fast grell, aber sie bleiben abstrakt im gleißenden Licht der Sonne, die mich minutenlang anstrahlt, bis ich in ihrer hellen Wärme friedlich einschlafe.

Eine Dreiviertelstunde später landet unsere Maschine pünktlich auf dem *Beijing Shoudu Guoji Jichang*, dem Internationalen Flughafen von Peking, das sich für uns kurz vor Sonnenuntergang in seine schönsten Farben kleidet.

Der freundliche Taxichauffeur weiß auf der Strecke zwischen Airport und Hotel traurige Neuigkeiten aus Germany. Laut einer Reportage im Fernsehen, erzählt er Ham mit Blick in den Rückspiegel, gibt es regelmäßig rassistische Ausschreitungen im Osten des Landes, und obwohl er es mir gegenüber keineswegs anklagend formuliert, dem in diesem Augenblick einzigen Repräsentanten des besagten Landes weit und breit, schäme ich mich nach Hams Übersetzung, ohne eine Geste dafür zu haben, und überlasse meinem Freund die beschwichtigende Einordnung dieses traurigen Vorwurfs.

Unser Hotel im Stadtzentrum ist zwar von außen ein imposantes Gebäude, verfügt aber innen nicht, wie am Telefon bei der Buchung zuvor beteuert wurde, über behindertengerechte Zimmer.
Nach längerem chinesischem Wortgerangel bekommen wir ein größeres Doppelzimmer, dessen Bad ich wenigstens einigermaßen gut nutzen kann. Morgen aber, so viel ist klar, werden wir das Hotel wechseln und unsere letzten China-Nächte in passenderen Räumlichkeiten verbringen.

Der Verkehr ist zwar in Peking nicht ganz so chaotisch wie in Shanghai, aber das meiste ist auch hier wie gehabt: Wer ist der Schnellste im ganzen Land?!
Spurwechsel als Hobby, wir hupen den Weg frei, das alles aber ohne *Achtung-jetzt-komm-ich-Gehabe,* sondern einfach so, als tägliches Gewohnheitsritual. Rote Ampeln sammeln versprengte Schlachtformationen wieder in Reih und Glied, jeder Massenstart ist ein neuer Kampf um die Plätze, von 0 auf 100 und gleich wieder zurück auf 0, per Vollbremsung versteht sich. Die Ersten werden die Ersten sein, so ist das hier, Gas macht Spaß, und flutwellenartig rollt Woge um Woge aus Gummi und Blech von Kreuzung zu Kreuzung. Und was sie alle verbindet, neben dieser unglaublichen Ausgeglichenheit, neben dieser stoischen Ruhe noch im gewagtesten Manöver, das ist der

Stau, der großartige Götze, dem sie alle huldigen, ob gewollt oder nicht, und der sie alle gleich macht in einem großartigen monumentalen Standbild.

Auf dem Weg zu einem ersten hauptstädtischen Abendessen lernen wir die große Fußgängerzone Pekings, die *Wangfujing dajie*, kennen.

„Große Straße am Brunnen der Königsresidenz", übersetzt Hamlet mir den wohlklingenden Namen. Am frühen Abend scheinen die Menschen hier Zeit zu haben, und die meisten sind vermutlich im Vollbesitz ihres verdienten Feierabends. Sie schlendern wahllos umher, bleiben stehen hier und da und schweigen und schauen und reden.

Plötzlich, auf einer breiten Straße, die die *Wangfujing dajie* an ihrem Ende im rechten Winkel kreuzt, ertönt lautes Motorradgehupe, dazu gibt es die Rotlicht-Lightshow einer feierlich vorbeiziehenden Polizeikohorte, und Sekunden später ist es dann so weit: Ein gutes Dutzend getönter Fensterscheiben rauscht vorbei, Chrom blitzt auf und Mercedes-Sterne verbreiten nüchtern die ihnen zugedachte Symbolik. Auf einem Beifahrersitz glaube ich in zwangloser Herrscherhaltung einen uniformierten Militär zu erkennen, und mit der majestätischen Gelassenheit großer Ozeandampfer ziehen sie vorbei, die dunklen vierrädrigen Schlachtschiffe, nur wenige Sekunden lang, dann ist der ganze Spuk schon wieder vorbei, und alles geht seinen gewohnten Gang. Außer mir scheint sich niemand für den flotten Auftritt der Macht interessiert zu haben.

Unterdessen hat sich schon seit einigen Minuten ein kleiner Kerl zu uns gesellt, der mehr als alle anderen genau hierher gehört, hierher nach Peking, in die Stadt, die ihm seinen Namen gegeben hat.

Ham, der zu Hause in Malaysia selbst stolzer Besitzer zweier Hunde ist, hat den wuscheligen kleinen Pekinesen längst ins

Herz geschlossen und ihn mit einem Stückchen europäischer Schokolade als vorübergehenden Freund gewonnen.

Diese Rasse, so erfahre ich von meinem Hunde-Experten, kommt aus dem Kaiserreich China und war lange Zeit als Palasthund dem Kaiserhaus vorbehalten.

Unser kleiner Palasthund scheint derzeit ziemlich herrenlos zu sein, jedenfalls bleibt er von nun an auch über mehrere hundert Meter hinweg ständig an unserer Seite.

An einem imposanten Springbrunnen stehen größere Menschengruppen und lauschen einer sanften Musik, deren Melodien von sprudelnden Wasserfontänen begleitet werden.

„Das ist der zweite Satz aus der dritten Symphonie von Brahms", erklärt Ham, als wir mit unserem neuen kleinen Freund an einer Holzbank Halt machen. Jetzt erkenne ich auch dieses wunderschöne Andante, das mir mein Freund vor mehr als 16 Jahren zum ersten Mal vorgespielt hat, und die andächtige, ja fast festliche Atmosphäre rund um den Brunnen nimmt mich schnell gefangen.

Hamlet hat inzwischen ein zweites seiner Schokoladenstückchen in die neue Freundschaft investiert, denn wie sollte er diesem gekonnten Von-unten-nach-oben-Blick des kleinen Pekinesen auch widerstehen. Während er ihn liebevoll hinter den Ohren krault, schlägt er vor, dass wir dem Kleinen für die verbleibende gemeinsame Zeit einen Namen geben. „Was hältst du zum Beispiel von *Goethe*?"

Da ich weiß, dass seine beiden Hunde in Malaysia *Shakespeare* und *Rembrandt* heißen, bin ich von seinem Vorschlag nicht besonders überrascht. Ich denke kurz nach, und nicht ohne Absicht erfinde ich dann einfach irgendetwas, das für Sprachfremde vielleicht sogar Chinesisch klingen könnte und das den armen Hund nicht von vorneherein in eine feste Rolle zwingt, irgendetwas ganz ohne Vorgeschichte.

„Platz, *Goethe*!", das klingt doch ziemlich aufgesetzt, Hamlet, oder?! Was hältst du stattdessen von „Sitz, *Morfli*?"

Morfli ...?! Ham schüttelt ungläubig den Kopf. „*Morfli* heißt höchstens die Katze von Adam und Eva."

Die Katze von Adam und Eva, ich muss laut lachen und sehe gerade noch, wie unser noch namenloser kleiner Freund inzwischen Gefallen an einer adretten Rauhaardackelhündin gefunden hat, der er nach dem ersten gegenseitigen Beschnuppern zielstrebig und fest entschlossen in die nächste Nebenstraße folgt.

Jetzt lacht auch Hamlet und klopft mir auf die Schulter. „Siehst du, Meister, ich hatte Recht! Johann Wolfgang von Goethe und seine vielen Frauengeschichten."

Wenig später beim Abendessen in einem Restaurant, in dem die besonders feurige und scharfe Sichuan-Küche angeboten wird, muss ich unwillkürlich daran denken, dass in China vielerorts auch Hunde gegessen werden. Mir wäre das nicht möglich, das weiß ich genau, dafür ist ein Hund für mich zu wenig Tier und zu viel Person.

Ham hat offensichtlich größeren Hunger und nachdem er irgendwelche abenteuerlich aussehenden Fleisch- und Knochenstücke nicht nur bestellt, sondern tatsächlich auch aufisst, wollen wir eigentlich noch eine Partie chinesisches Schach spielen, aber die aufkommende Müdigkeit nach diesem langen Reisetag verschiebt meine nächste Niederlage vorerst noch auf ungewisse Zeit.

Auch heute nimmt uns die strahlende Morgensonne wieder mit in einen goldenen Herbsttag. Hamlet hat sich nach längerem Zögern einen großen Wunsch erfüllt.

Seit Tagen schon ist es sein Ziel gewesen, wenigstens einmal auf dieser Reise selbst am Steuer eines Autos zu sitzen, und so haben wir für zwölf Stunden und für ziemlich viel Geld einen, wie könnte es auch anders sein, VW-Santana 1.8 (Super) gemietet.

Schon um acht Uhr, während ich noch beim Frühstück saß,

hat er den Wagen bei einem nahegelegenen Vermietungsunternehmen abgeholt, so dass wir unseren Umzug in ein behindertengerechtes Hotel gleich mit unserem neuen Wagen vornehmen konnten.

Jetzt, am späten Vormittag, sind wir auf dem Weg zum Lamatempel *Yonghe Gong*, Pekings größtem Tempelkloster im Nordosten der Stadt. Obwohl wir laut dem ziemlich vagen Stadtplan unseres neuen Hotels schon seit einiger Zeit sehr nahe am Tempel sein müssten, finden wir unser Ziel einfach nicht, und mein genervter Chauffeur beschließt in Eigenregie, das Auto irgendwo zu parken und zu Fuß den Rest des Weges zum Tempelkloster zurückzulegen.

Ich wage nicht zu widersprechen und zerknülle den Stadtplan, unter anderem auch als klare Schuldzuweisung. Viel zu ungenau, das blöde Ding.

Und dann treffen wir Schwejk.

„Guten Tag", sagt er, als Ham mir gerade aus dem Auto hilft, das wir auf einem öffentlichen Parkplatz abgestellt haben. „Guten Tag", entgegnen wir freundlich, aber auch überrascht von dieser seltenen Begrüßung. Der kleine runde Chinese kommt langsam auf uns zu und lächelt.

„Wohin fahrt ihr?", fragt er in einem für Peking typischen Tonfall, wie Ham mir später erklärt, und nestelt scheinbar gedankenverloren an der Brusttasche seiner Uniform herum. Es ist eine grüne, schon leicht abgetragene Uniform mit vielen Knöpfen und einer etwas zu kurzen Hose, die die weißen Socken so gerade eben erreicht.

„Wir wollen zum Lamatempel *Yonghe Gong*", antwortet Hamlet, „aber wir haben im lebhaften Stadtverkehr zwischendurch die Orientierung verloren."

Der chinesische Schwejk lächelt wieder. Sein berühmtes schelmisch-hintergründiges Lächeln. Obwohl er selbst mit Uniformmütze kleiner ist als der gerade mal 1.73 Meter große

Ham, scheint es mir, als sei es ein Lächeln, das von oben herab kommt, durchaus nicht arrogant, nicht hochmütig, eher das Lächeln eines Schachspielers, der das baldige Matt seines Gegners voraussieht.

„Habt ihr das große runde Schild nicht gesehen?", fragt er uns, und erst Minuten später lerne ich von Ham, dass man auch in China sein Gegenüber eigentlich zunächst immer siezt und nur näher bekannten Menschen irgendwann das „du" anbietet.

Allerdings scheint Schwejk diese internationale Höflichkeitsform der Anrede ganz und gar fremd zu sein.

„Da drüben", sagt er und zeigt mit ausgestrecktem Arm auf die Kreuzung, an der wir vor wenigen Minuten abgebogen sind, „seht ihr das große internationale Schild?"

„Was für ein Schild?", fragt Ham zurück und dreht sich um. Schwejk kratzt sich am Hinterkopf. Er lässt uns spüren, dass wir ihm viel zu lange auf der Leitung stehen.

„Zeig mal deinen Führerschein", verordnet er Ham, und erst jetzt begreife ich, warum er uns all diese Fragen gestellt hat. Schwejk ist schon lange nicht mehr Soldat, er hat die Uniform gewechselt und verdient inzwischen bei der städtischen Verkehrspolizei sein Geld, der brave Verkehrspolizist Schwejk.

Die kleine Woge wehmütiger Nostalgie ist in mir noch nicht ganz abgeklungen, als Schwejk mich unvermittelt in die Wirklichkeit zurückholt.

„Tja, mein lieber Mow Wai", sagt er in traurigem Tonfall zu Ham, nachdem er dessen Führerschein kontrolliert hat, „da musst du leider 300 Yuan Strafgeld bezahlen."

Ham schüttelt ungläubig den Kopf. 300 Yuan? Das ist für hiesige Verhältnisse ein kleines Vermögen.

„Entschuldigen Sie bitte", sagt Ham in einem höflichen Versuch, sich zu verteidigen, „aber wir haben wirklich kein Schild bemerkt. An der Kreuzung, an der wir abgebogen sind, blinkt an der Ampel eigens ein grüner Pfeil für Rechtsabbieger auf."

„Ja, ja", nickt Schwejk geduldig, „aber da dürfen nur Busse, Taxis oder Anwohner abbiegen."

Dann gibt er Hamlet seinen Führerschein wieder und wartet auf sein Geld. Genauer: Auf unser Geld.

Ham erkennt die Zeichen der Zeit und spielt unseren letzten Trumpf. „Es tut mir wirklich leid", sagt er mit dem ehrlichsten Ausdruck des Bedauerns, den er gerade aufbringen kann, „aber ich fürchte, wir haben leider kein chinesisches Geld bei uns."

Noch bevor Schwejk antworten kann, weiß ich bereits, dass wir verloren haben. Ich sehe es an seinem Lächeln. Auf so etwas ist er bestens vorbereitet.

„Ihr könnt die Strafe auch in Dollar oder Euro bezahlen", erwidert er voller Verständnis. „Für Europäer macht das 30 Euro."

Ham nickt, schaut mich hilflos an und ich krame gehorsam das Geld aus meiner Hosentasche. Wozu noch lange handeln? Wir wollen faire Verlierer sein.

„Für Euro gibt es aber keine Quittung", sagt Schwejk so amtlich es geht und steckt die Scheine in seine Brusttasche, in der es schon ziemlich knistert. Ham nickt wieder. Was sollen wir auch mit einer Quittung der städtischen Verkehrspolizei von Peking anfangen?

„Auf Wiedersehen", sagt Schwejk und reicht uns die Hand. „Gute Reise!"

Ham will Gewissheit, und wir fahren durch den 30 Euro teuren Bezirk langsam zurück in Richtung Kreuzung und darüber hinweg. In der gegenüberliegenden Straße hält mein Freund an, lädt mich schnell aus, und gemeinsam machen wir uns auf die Suche nach des chinesischen Rätsels Lösung. Einige Zeit mühen wir uns vergeblich. Aber dann entdecken wir sie doch noch, inmitten eines bunten Pekinger Schilderwaldes: die weiße, rot umrandete Durchfahrt-verboten-Scheibe, das große internationale Zeichen, das wir zuvor übersehen haben. Schwejk hat also Recht gehabt.

Ich blicke zu ihm hinüber. Kaum hundert Meter entfernt steht er, unverkennbar, mit der auf den Hinterkopf geschobenen Mütze und dem prallen Bäuchlein, über dem sich die Uniform schon merklich spannt.

Er ist gerade mit einer vornehmen einheimischen Dame mittleren Alters ins Gespräch vertieft, die einem anthrazitfarbenen Mercedes entstiegen ist. Dass auch sie die 300 Yuan zahlen muss, steht für mich außer Frage. Aber ich hätte zu gerne gewusst, ob er die Dame auch gleich geduzt hat.

Nur zwei Querstraßen weiter finden wir bald darauf den lange vergeblich gesuchten wunderschönen Lamatempel, der uns mehr als drei Stunden lang gefangen hält. Er entstand gegen Ende des 18. Jahrhunderts, und bis heute ist die prächtige Ausstattung vollständig erhalten geblieben.

Ich kann gut verstehen, dass Hamlet die verbleibende Zeit des Tages im teuer gemieteten Auto am Steuer nutzen will, ziehe es aber vor, mich von ihm im Stadtzentrum absetzen zu lassen, um unter den Menschen dort ein bisschen zu spazieren.

In einem großen Einkaufszentrum wirbt ein französisches Restaurant mit *Croissant* und *Café au lait*, und ich bin plötzlich in Stimmung für kulinarisch Vertrautes aus der fernen Heimat.

Als ich an einem Tisch draußen vor dem gut gefüllten Restaurant gerade meine Zeitungslektüre zur Hand nehme, kommt wie ferngesteuert ein kleiner Junge auf mich zu.

„Hi, my name is Li Ning", grüßt er mich mit einem breiten Lächeln. „Where are you from?"

„From Germany", antworte ich freundlich, während wir uns die Hände schütteln, und Li Ning nickt, wie man über eine Selbstverständlichkeit nickt, beiläufig und schon längst mit seiner nächsten Frage beschäftigt.

Wie ich heiße, möchte er wissen, warum ich im Rollstuhl sitze, und wann ich wieder laufen kann, ob ich Geschwister und Freunde habe, die mir helfen, und warum der liebe Gott nicht besser auf mich aufgepasst hat.

„Der liebe Gott?", frage ich erstaunt.

„Because I'm a christian", sagt er nicht ohne Stolz und zeigt mir eine Postkarte, auf der ein Gotteshaus mit dem unübersehbaren Kreuz auf der Kirchturmspitze zu sehen ist.

Li Ning ist zwölf Jahre alt, sein Englisch klingt für chinesische Verhältnisse ausgezeichnet, gelernt, wie ich erfahre, auf einer *International School* hier in der Hauptstadt, denn er möchte später einmal ein „ABC" werden.

Ein „ABC"?

Ein „American Business Chinese", erklärt er, damit er viel Geld für seine Familie verdienen kann. Deshalb wird er nach der Schule dann auf die „Uversity" gehen, am besten hier in Beijing, wo es die modernsten „Uversities" gibt. Und dann natürlich weiter in die USA.

Und heiraten, frage ich. Und Familie?

Nein, normalerweise würde er nicht heiraten, Li Ning schüttelt den Kopf, aber Mutter hat gesagt, jeder müsse irgendwann mal heiraten, also nichts zu machen.

Ob er manchmal Probleme habe wegen seiner Religion, möchte ich noch wissen, aber auch diesmal schüttelt er wieder den Kopf. „No problem", erklärt er. Auch in der Schule sind sie ja alle zusammen, Buddhisten, Moslems und Christen, in einer Klasse sogar, und obwohl ich erfahren habe, dass die kommunistische chinesische Wirklichkeit mitunter leider immer noch anders aussieht, will ich dem kleinen Chinesen gerne glauben.

Als wir uns, wieder mit westlichem Händedruck, voneinander verabschieden, fällt ihm plötzlich noch etwas ein. Ob ich Manuel kenne?

Manuel? – Ja, Manuel, denn der war vor ein paar Monaten auch hier und hat auch in einem Rollstuhl gesessen.

Ein wenig erstaunt schüttele nun ich den Kopf.

Wo kommt Manuel denn her?

Das weiß Li Ning nicht mehr, aber auf jeden Fall war das genau so ein Typ wie ich aus Europa, und er hat ihm damals die ganze Stadt gezeigt. Leider kann er sich an die vielen Nebensachen wie Manuels Alter, Nationalität und Adresse nicht mehr erinnern. Aber sonst weiß er alles noch ganz genau. Durch welche Straßen sie spaziert sind, wo er für Manuel in einem großen Hotel nach einer behindertengerechten Toilette gefragt hat und wo er ihm im Rollstuhl über zwei Stufen in ein Museum helfen musste.

Wir waren wirklich gute Freunde damals, sagt Li Ning, und eigentlich sei doch trotz des Rollstuhls fast alles möglich gewesen.

Mehr als einen Augenblick lang kann ich gar nichts sagen, sondern schaue ihn einfach nur an, diesen kleinen, in vielen Dingen schon so erwachsenen Jungen, wie er da vor mir steht mit diesem verlegenen Blick voller Erwartung, und ich würde vieles dafür hergeben, wenn ich ihm bei den kostbaren Kindheitserinnerungen an seinen Freund Manuel weiterhelfen könnte.

Sicher wirst du einmal ein sehr erfolgreicher „ABC" werden, sage ich zum Abschied und klopfe ihm freundschaftlich auf die schmale Schulter.

„Thank you", antwortet Li Ning leise und lächelt mir verlegen zu. Ich lächele zurück und bin froh, diesen kleinen wunderlichen Kerl kennengelernt zu haben.

Als er dann schon ein paar Meter gelaufen ist, dreht er sich nochmal um und ruft mir zu: „Bye, Marcel. You are also my friend!"

Das will ich gerne sein, lieber Li Ning, denke ich und winke ihm lange nach, dein zweiter Freund im Rollstuhl, von dem du auch wieder nur die wirklich wichtigen Dinge in Erinnerung behalten wirst.

In Erinnerung behalten werde ich sicher auch Hams große abendliche Ess-Aktion. In einer Nebenstraße der breiten Fußgängerzone nämlich gibt es ganz besonders ausgefallene kulinarische Köstlichkeiten, und warum auch immer lasse ich mich von meinem investigativen Freund dazu überreden, gemeinsam mit ihm je einen Skorpion zu probieren. Diese gelenkigen Tierchen werden an den Essständen, aufgespießt auf langen Metallstangen, kurz in heißem Öl angebraten, bevor sie der ambitionierte Feinschmecker dann als echten chinesischen Gaumenschmaus vertilgen darf.

Das eigenartige Gefühl, im falschen Film zu sein, hält sich bei mir auch dann noch, als ich das knusprige, ziemlich geschmacksneutrale Tierchen längst zerkaut und hinuntergeschluckt habe. Ham hat der kleine Skorpion offenbar richtig gut geschmeckt, denn erst nachdem ein zweiter Stachel, wieder kurz im heißen Öl gebraten, für ihn dran glauben musste, können wir weiterziehen zum nächsten Stand, an dem es gebratene Heuschrecken und Maden gibt, auf die ich allerdings kategorisch verzichte.

Einzig der Hinweis, dass ich meinem Freund mit dieser kulinarischen Reise durch eine völlig fremde Tierwelt einen Gefallen tun will, einzig dieser Hinweis kann zumindest ein bisschen entschuldigen, was ich dann doch noch zulasse. An einem der folgenden Stände gibt es maritime Kost, da warten Oktopusse, die acht Arme am Kopf haben, gleich neben großen Seesternen, die mit ihren fünf Armen aussehen wie frittiertes Weihnachtsgebäck, und ganz am Ende gibt es auch Seepferdchen, diese süßen kleinen Fragezeichen, die mich immer an mein erstes Frühschwimmerzeugnis als Vierjähriger erinnern. Und genau so ein Seepferdchen möchte Ham jetzt zum Abschluss noch mit mir probieren. Da die armen kleinen Fischchen ohnehin schon tot auf den langen Metallstäben aufgespießt sind, kann ich meinem Freund dafür zwar keine Schuld geben, aber ein stummer Vorwurf hat sich trotzdem hartnäckig in meinem Herzen festgesetzt.

Was ich dann schließlich essen muss, schmeckt wie ein zäher Fisch in einem schlechten Schluck Meerwasser, und ich bin froh, als das gründlich zerkaute Etwas in meiner Speiseröhre unterwegs zu einem hoffentlich arbeitswilligen Verdauungstrakt ist.

Auch für Hamlet, so erfahre ich, waren das heute zwei Premieren, die aber selbst bei ihm, dem überzeugten Chinesen, keine *Sensationssymphonie* ausgelöst haben und ebenfalls nicht auf Wiederholung drängen.

Dass ich in anspruchsvoller Gesellschaft von nun an mitteilen kann, in meinem abenteuerlichen Leben schon mal einen Skorpion und ein Seepferdchen gegessen zu haben, dürfte meinem zukünftigen Leben keine entscheidende Wendung geben.

Auf dem Rückweg zu unserem Hotel gebe ich zum Runterspülen noch einen Spieß kandierter Tomaten aus, die hier in China nicht als Gemüse, sondern als Obst gelten, wie mir Hamlet erklärt.

Aufgrund welcher Kriterien man bestimmen kann, was Obst und was Gemüse ist, würde ich ihn normalerweise jetzt gerne fragen, aber nach der schweren kulinarischen Entgleisung habe ich keine große Lust auf Unterhaltung. Vermutlich muss ich erst mal in Ruhe und ganz alleine verdauen, was ich da heute Abend unter dem Deckmantel chinesischer Spezialitäten freiwillig gegessen habe.

Frühstück um halb sieben, das muss sein, denn wir wollen im großen *Beihai-Park* die frühmorgendlichen Sportler beobachten, die mit *Tai Chi* und anderen gymnastischen Übungen den Tag beginnen.

Schon wenige Meter hinter dem Eingang zum Park, den zu betreten uns 10 Yuan wert sein muss, treffen wir auf eine größere Gruppe von Frühaufstehern, die sich zu instrumentaler Musik aus einem älteren Kassettenrecorder langsam und harmonisch bewegen.

Tai Chi, so konnte ich meinem Reiseführer entnehmen, ist ursprünglich eine im Kaiserreich China entwickelte innere Kampfkunst, bei uns auch *chinesisches Schattenboxen* genannt. Inzwischen ist es aber in zumeist stark vereinfachter Form längst zu einem Volkssport geworden. Es wird häufig als allgemeines System der Bewegungslehre betrachtet, das sowohl der Gesundheit, als auch der Persönlichkeitsentwicklung und der Meditation dienen kann.

Nachdem wir in der warmen Morgensonne eine Weile den zart fließenden Körpern zugeschaut haben, wagen wir es in einer Pause, die Lehrerin anzusprechen. Sie ist eine kleine, attraktive, circa 60-jährige Frau, die unserem plötzlichen Auftauchen mit ihrem freundlichen Lächeln sogleich jede Aufdringlichkeit nimmt.

Mit großem Interesse für das Anliegen der zwei Fremden geht sie auf Hams Übersetzung meiner Fragen ein und führt ein paar gleitende Bewegungen des Oberkörpers und der Arme vor, die ich trotz meiner Behinderung auch im Rollstuhl ausführen kann.

Durch diese Bewegungen, so erklärt sie, könne ich auch meiner Wirbelsäule eine bessere Stabilität verschaffen. Klingt vielversprechend, und ich bin froh, dass niemand unter den zahlreichen Zuschauern über meine sicher ziemlich ungelenken ersten Tai-Chi-Versuche schmunzelt.

Allesamt sind sie freundlich und wohlwollend, diese chinesischen Frühaufsteher, die nun aber weitermachen müssen, denn die Lehrerin weist sie zurück auf ihre Plätze.

Wir werden herzlich verabschiedet und zum weiteren Zuschauen aufgefordert. Die Musik setzt wieder ein, und von Neuem beginnen die zart fließenden harmonischen Bewegungen der entspannten Körper.

Von der Sonne beschenkt strahlen Park und See in ihren schönsten Farben, und es scheint fast so, als würden sich auch die Spaziergänger entlang der mächtigen Trauerweiden am Ufer des Sees geradezu harmonisch bewegen.

An einem kleinen Platz tanzen einige ältere Menschen miteinander, eine Frau macht auf einer alten Holzbank mit Blick in die Sonne ungenierte Aufwärmübungen für ihr Gesicht, und eine kleine Touristengruppe aus Spanien lacht für immer neue Gruppenfotos aus Peking minutenlang in wechselnde Digitalkameras.

„Leben gefällt mir", sagt Ham wieder mal zu sich selbst, und das helle warme Licht der Sonne gibt ihm Recht.

Im Schatten eines mächtigen Laubbaumes spielen einige Männer Karten. Ich höre Wortgefechte in mir unverständlicher Sprache, möglicherweise mit politischem Inhalt, jedenfalls laut und engagiert, mit vielen ausladenden Gesten, die allesamt ein sehr langes Echo haben. So ist es doch überall auf der Welt, denke ich im Weiterrollen, wenn felsenfeste Stammtischmeinungen geräuschvoll den Besitzer wechseln.

Nahe des Wassers finden wir schließlich einen gemütlichen Platz und lassen die herrliche Atmosphäre dieses Oktobermorgens schweigend auf uns wirken. Das helle Sonnenlicht spiegelt sich silbern im dunklen Wasser des Sees, es schimmert in den herunterhängenden Ästen der Trauerweiden und legt sich sanft auf die gepflegten Wiesen und Wege, die den *Beihai-Park* durchziehen.

Ich versuche wieder, einfach nur da zu sein, an diesem hellen Herbsttag mit seinen leuchtenden Farben, mit Stunden ohne Gefälle, mit diesem sanften Windhauch, der heranweht wie warme Luft aus einem überdimensionalen Fön, hier am See mit dem herben Aroma des graublauen Wassers, so dass ich, nahezu bewegungslos im meinem Rollstuhl, lebendig bin ohne Anstrengung, einfach da bin in der Gegenwart.

Ich höre das leise Rascheln im Geäst, sehe die Zweige im Wind und das Laub, das wehrlos fällt. Irgendwo in weiter Ferne rauscht der vertraute Stadtverkehr vorbei, ein flüchtiger Klangbrei, der die idyllische Ruhe am See sanft umspielt.

Als Ham sich wenig später in Richtung des Museums für chinesische Kunst verabschiedet, muss ich unwillkürlich an einen kurzen gemeinsamen Urlaub vor rund 14 Jahren an der Côte d'Azur denken. Bei einem Besuch der *Fondation Maeght* in Saint-Paul-de-Vence durften wir damals zahlreiche Werke von Miró, Chagall, Kandinsky, Braque und Bonnard bewundern.

Am meisten beeindruckten mich aber die mehr als 50 Skulpturen Alberto Giacomettis, auch wenn ich auf Hams typische Frage nach Geburts- und Todestag des schweizerischen Künstlers keine Antwort wusste.

Als wir dann am späten Vormittag das Museum verließen, gab Hamlet ungewohnt freiwillig das nachmittags geplante *Vazarely-Museum* in Gordes auf und antwortete sogar „Avec plaisir" in seinem Wenige-Worte-Französisch, als ich als Alternative den nahegelegenen Sandstrand von Cannes vorschlug. „Dort, Meister, wirst du dann sicher ganz andere attraktive Kunstwerke bewundern können", setzte er beim Aufbrechen hinzu, und ich war wieder mal froh um seinen trockenen Humor, der gelegentlich auch ohne tiefere Philosophie auskam.

Wie vereinbart treffen wir uns gegen 13 Uhr am Mausoleum von Mao Zedong auf dem *Tian-anmen*, dem *Platz des Himmlischen Friedens*, der in jeder Hinsicht das Zentrum Pekings bildet, das geographische, aber auch und vor allem das politische Zentrum der Hauptstadt.

Und da in diesen Tagen die Kommunistische Partei Chinas ihren 17. Parteikongress abhält, ist rund um den Platz ein Großaufgebot von Polizei und Militär unterwegs.

Chinas Kommunistische Partei tagt alle fünf Jahre. Da es keine Wahlen gibt, gilt der Parteitag als politisch wegweisend. Die rund 73 Millionen KP-Mitglieder der damit größten Partei der Welt sollen hier auf einen gemeinsamen Kurs gebracht werden.

In der *China Daily* habe ich gestern in einem Artikel auf der Titelseite gelesen, dass Staatspräsident Hu Jintao zu Beginn des Parteikongresses erklärt hat, dass man am Ein-Parteien-System festhalten müsse. Er stellte jedoch moderate Reformen in Aussicht und gab den mehr als 2000 Delegierten in der *Großen Halle des Volkes* bekannt, dass das wichtigste Ziel die Schaffung einer *harmonischen Gesellschaft* sei, die durch mehr soziale Ausgewogenheit beim wirtschaftlichen Wachstum erreicht werden soll.

Mir war schon seit längerem aufgefallen, dass gerade dieses Thema immer öfter im Zentrum zahlreicher Diskussionen stand, die ich unter anderem in der englischsprachigen Tageszeitung mitverfolgen konnte. Von *sozialer Ausgewogenheit* sei das Reich der Mitte, in dem immer noch wenige sehr reich und sehr viele sehr arm sind, „noch weiter entfernt als vom Mond", kommentierte ein mutiger Leserbriefschreiber die gegenwärtige Situation.

Mit einem Wust von Gedanken rolle ich über den großen, weitläufigen *Platz des Himmlischen Friedens* und sehe rechts und links auffallend viel gedrilltes, grün uniformiertes Militär, das in einem nur schwer zu durchschauenden Rhythmus sein zackiges Ablösungsgetue zelebriert.

Andere ebenfalls grün gekleidete Truppen marschieren im lauten Stakkato-Schritt mit ausdruckslosen Gesichtern kreuz und quer durch die Gegend, und Parteitag hin oder her, das hier ist das andere, das Angst machende China, von dem ich vor der Reise zwar gelesen habe, bisher aber glücklicherweise verschont geblieben bin.

Die Informationen, die die *Internationale Gesellschaft für Menschenrechte* auf einer China-Konferenz im März weitergab, waren eindeutig. Ich erfuhr damals unter anderem, dass es in China weit mehr als 2000 Hinrichtungen im Jahr gibt, außerdem auch Folter und Organhandel, Zwangsabtreibungen wegen der *Ein-Kind-Politik*, eine Steigerung der Aufrüstung um fast 18 Prozent und nicht zuletzt eine geradezu beängstigende Zerstörung der Umwelt.

Das alles habe ich vorher gewusst, China war kein Niemandsland für mich, aber ich wollte mich diesen Informationen stellen, ich wollte im Rahmen meiner Möglichkeiten überprüfen und in jedem Fall auch *mein China* kennenlernen.

Und all dem Negativen zum Trotz bin ich überzeugt davon, dass mir das auch gelungen ist. Ich habe in den vergangenen drei Wochen in das menschliche Gesicht dieses großen Landes schauen dürfen, ich habe alte und junge, reiche und arme Menschen im direkten Gegenüber erlebt, die einen aus der Ersten – und die anderen aus der Dritten Welt, und es waren bis auf ganz wenige Ausnahmen Menschen, die mir mit offenen Blicken sehr viel Wärme und Freundlichkeit entgegenbrachten und die mir den Eindruck vermittelt haben, dass sie gerne leben, allen schlechten und einschränkenden Umständen zum Trotz.

Und dieses *menschliche Gesicht* Chinas ist für mich auch heute auf dem inzwischen abgeriegelten *Platz des Himmlischen Friedens* ganz einfach stärker, lebendiger und eindrucksvoller als das andere Gesicht des totalitären China, des kommunistischen Machtapparates, der sich immer noch für die einzig mögliche Regierungsform hält.

Eines dieser menschlichen Gesichter, ein alter Mann, der lächelnd an seinem Gehstock lehnt, zeigt uns auf Hamlets Nachfrage den kürzesten Weg zur *Verbotenen Stadt*, die bei dem großen Polizeiaufkommen und den zahlreichen Absperrungen heute nur auf großen Umwegen zu erreichen ist.

In der *Verbotenen Stadt* lebten und regierten bis zur Revolution 1911 die chinesischen Kaiser der Ming und Qing Dynastien. Der einfachen Bevölkerung jedoch war der Zutritt verwehrt, daher der Name *Verbotene Stadt*.

Wir aber dürfen heute hinein, und Ham hat auf dem unwegsamen Gelände voller Treppen und Stufen viel zu tun, um mich im Rollstuhl mitzunehmen zu den 890 Palästen mit insgesamt 9.999 ½ Räumen. Der fehlende halbe Raum hat symbolischen Charakter, denn nach der Legende durfte nur der Himmel einen Palast mit 10.000 Räumen besitzen, daher mussten sich die *Söhne des Himmels* mit 9.999 ½ Räumen zufriedengeben.

Während sich weit unten im Westen die Sonne auf den sperrigen Hochhäusern ausruht, offenbar erschöpft vom langen Weg dieses Tages, nehmen wir uns ein Taxi, das uns durch den dichten Feierabendverkehr langsam aber sicher zurück zu unserem Hotel bringt.

Ein letztes Schachspiel mit erwartetem Ausgang, eine letzte englische Nachrichtensendung im Fernsehen und dann ohne Abendessen ab ins Bett. Dieser Tag hat uns im *Behai-Park*, auf dem *Platz des Himmlischen Friedens* und in der *Verbotenen Stadt* so viele neue Bilder und Eindrücke geschenkt, dass es der Müdigkeit sehr leicht fällt, Hamlet und mich schon bald an einen tiefen, ruhigen Schlaf weiterzugeben.

China ist ganz offensichtlich mein *Traumland*. Das soll heißen, dass ich noch nie zuvor in meinem Leben so viel geträumt habe – genauer, dass ich mich noch nie zuvor so oft und so intensiv an meine Träume habe erinnern können wie hier in China.

Auch in der vergangenen Nacht habe ich wieder in einem Traum gelebt, unterwegs mit einer fremden Frau irgendwo weit oben im Huangshan-Gebirge, und als die Sonne, ein hell leuchtender goldener Ball, hinter den Gipfeln unterzugehen drohte, haben wir auf einer Anhöhe zusammen geschlafen, diese fremde Frau und ich, waren aber plötzlich nicht mehr in den Bergen, sondern mitten in der Sonne, die hell und golden blieb und nicht unterging, und in der wir uns liebten, ohne zu verbrennen.

Da ich Ham ja schließlich nicht jeden meiner Träume erzählen muss, überlasse ich ihm heute beim Frühstück das Wort.

„China wird die USA schon bald als Land mit dem größten CO_2-Ausstoß ablösen", übersetzt er mir aus seinen Internet-Unterlagen, mit denen er seinen ganz privaten Reiseführer zusammengestellt hat, „denn das Reich der Mitte boomt nicht nur als ständig wachsender Produktionsstandort, sondern bei rund 1,3 Milliarden Einwohnern auch als gigantischer Absatzmarkt. Wissenschaftlichen Berechnungen zu Folge könnte der CO_2-Ausstoß im Jahre 2050 dann acht mal so hoch sein wie heute."

Dass Hamlet das Vorgelesene nicht gleich kommentiert, nicht erfindungsreich rechtfertigt, was eine offensichtliche Bedrohung ist, dass er China also nicht vor mir und meiner möglichen Anklage in Schutz nimmt, wie bisher doch eigentlich immer, zeigt mir, dass er sich aus seiner starren Rolle gelöst hat. Er hat dieses große Land auf unserer Reise inzwischen so lieb gewonnen, dass er nun endlich auch Kritik zulassen kann.

Kurz nach 9 Uhr nehmen wir ein Taxi, und Ham bittet den Fahrer, uns zu einem typischen Pekinger Hutong-Viertel zu bringen. *Hutong* heißen die schmalen, in der Yuan-Zeit im späten Mittelalter auf rund neun Meter Breite festgelegten Gassen, von denen es laut Statistik und aller Modernisierung zum Trotz immer noch mehr als 6000 in Peking geben soll.

Der Taxifahrer kennt sich gut aus, setzt uns an einer Bar unweit eines größeren Sees ab und weist mit ausgestrecktem Arm auf den nahegelegenen Eingang zu unserem Ziel.

Dass die Bar ausgerechnet *Butterfly Lovers* heißt und damit den Namen des wunderschönen Violinkonzertes trägt, von dem Ham mir 1991 zum Abschied aus Malaysia eine CD geschenkt hat, ist ein angenehmer Zufall, der mir viele wertvolle Momente in Erinnerungen ruft.

Da mein Freund noch am Vormittag mit seiner Frau und seinem Sohn telefonieren möchte und mir andeutet, dass es ein längeres Gespräch werden könnte, mache ich mich schon mal alleine auf den Weg in den Hutong.

Bereits nach wenigen Metern spüre ich, dass hier in diesen schmalen Gassen, anders als im Shanghaier Hochhauswald, menschliche Kontakte, Blicke und Gespräche stattfinden, dass hier ein Neben- und Miteinander von Nachbarn und Freunden das alltägliche Leben prägt.

An einem kleinen Platz fällt mein Blick auf eine alte in Lumpen gekleidete Frau, die einsam auf einem Treppenabsatz hockt.

Ihr Kopf ist vornüber gebeugt, und als sie mir, wahrscheinlich durch das Geräusch der Räder meines Rollstuhls irritiert, für einen Moment das Gesicht zuwendet, sehe ich ihre großen blinden Augen, pupillenlos und weiß, die die Welt mit einem Blick durchbohren, der nicht mehr in sie zurückfällt.

Nachdenklich halte ich an, rolle dann langsam auf die Greisin zu und stelle ihr eine Tüte gestern gekaufter Mandeln an die Seite. Da ich ohne Worte bin, nichts zu sagen weiß und nichts sagen kann, rolle ich zurück in den Schatten eines nahen Hauseinganges und beobachte von dort eine Szene, die sich mir tief einprägt.

Wie in einem Film sehe ich das unsichere Tasten einer alten zerbrechlichen Hand, mit der die Greisin die kleine Papiertüte öffnet, vorsichtig etwas herausnimmt und es prüfend durch die Finger gleiten lässt.

Nach einer Weile dann führt sie eine der Mandeln langsam und vorsichtig an die Lippen, die ihr nun die letzte Gewissheit geben, dass man ihr keinen bösen Streich gespielt hat.

Als sie schließlich ganz behutsam zu kauen beginnt, durchströmt mich ein Gefühl glücklicher Erleichterung, und beim Weiterrollen sehe ich gerade noch, wie die alte Frau ins Leere dankt, ein Senken des Kopfes, richtungslos.

Am Ausgang des Hutongs treffe ich wenig später auf meinen Freund, der sich nach dem langen Telefonat sichtlich freut, in gut drei Tagen wieder bei seiner kleinen Familie zu sein.

Auf einer schmalen, kaum asphaltierten Straße spazieren wir am Ufer entlang und suchen in der Nähe des Sees nach einem geeigneten Ort zum Schachspielen.

Und tatsächlich, gleich am ersten kleineren Platz, auf dem sich ein Steintisch und ein paar Stühle finden, können wir einen älteren Chinesen, der im Schatten seine Mittagsruhe genießt, von einer Schachpartie gegen uns beide überzeugen.

Schnell bildet sich rund um unser Spiel eine größere Zuschauergruppe, von der einige mit Gesten und Worten intensiv an dem zunächst ausgeglichenen Duell der roten und der schwarzen Steine teilnehmen.

Wir haben die roten bekommen, die das Spiel immer beginnen, und nachdem ich die ersten, inzwischen einstudierten Züge gemacht habe, überlasse ich Ham die weitere Strategie, da ich mir sonst einer ziemlich schnellen Niederlage unseres Generals sicher wäre.

Und Ham zeigt mal wieder, wie schnell und gut er kombinieren kann. Ohne dass ich einen offensichtlichen Fehler unseres Gegners bemerkt hätte, haben wir nach kurzer Zeit deutlich mehr schwarze Figuren geschlagen und eine deutlich bessere Stellung für unsere rote Armee erkämpft.

Der Rest ist dann auch für mich wieder überschaubar, und der Händedruck nach dem Schachmatt des schutzlosen schwarzen Generals findet zu Recht zwischen den beiden Chinesen am Spieltisch statt.

Für solche Erlebnisse bin ich ungeheuer dankbar, weil sie mich momentelang in eine fremde Welt mitnehmen, zu der ich alleine, ohne Hams Hilfe sicher keinen Zugang gefunden hätte.

Dankbarkeit war noch lange nach dem Unfall für mich ein großes Problem, doch heute zählt genau das, nämlich dankbar zu sein auch für kleine Dinge und für Selbstverständlichkeiten, zu den wenigen rundum positiven Nebenerscheinungen, die mit der Querschnittslähmung ihren festen Platz in meinem Leben gefunden haben.

Vor der Reise wurde mir von mehreren China-Kennern geraten, dass ein Besuch des einzigartigen *Pearl Market*, in dem es fast alles zu unglaublich niedrigen Preisen zu kaufen gibt, in Peking unverzichtbar sei. Beim Mittagessen in einem schönen Restaurant direkt am See gelingt es mir, auch Ham von dieser Einzigartigkeit zu überzeugen, und so machen wir uns am frühen Nachmittag auf den Weg zum großen Wirtschaftswunderland, dem *Perlenmarkt* von Peking.

Ein unergründlicher Ehrgeiz unseres jungen Taxi-Chauffeurs, den ich nicht teile, hat unsere Reisegeschwindigkeit schon kurz nach dem Start laut wild vibrierender Tacho-Anzeige auf mehr als 80 km/h hochschnellen lassen.

Was mir durch den Kopf geht, ist noch ungefähr 50 Meter entfernt und ziemlich rot: ein Meer von Bremslichtern vorne an der Ampel, dem sich unseres aber immer noch nicht anschließen will, und mit einer fragwürdigen inneren Ruhe, so als würde mich das alles nichts angehen, denke ich laut vor mich hin und höre mich murmeln: „Slow down, Moses, slow down!"

Moses am Steuer aber denkt gar nicht daran, sondern zieht rechts vorbei, weit hinüber nach rechts außen, dahin, wo eigentlich schon die Leitplanken sind, und segelt mit rund 80 Sachen samt zahlendem Beifahrer quer über die rote Kreuzung und weiter in das vermutlich Gelobte Land.

Das gelobte Land heißt für uns heute Nachmittag also *Perlenmarkt* und liegt in der *Silk Street*, in der Seidenstraße, wo auch sonst.

Schon auf den ersten Metern fühle ich mich hier in dem bunten Durcheinander von Menschen und Verkaufsständen sehr wohl. Das ist eigentlich ungewohnt, denn normalerweise halte ich mich im Rollstuhl von großen Menschenmassen lieber fern.

Hier aber ist so viel Bewegung, so viel buntes Geräusch, so viel Leben, dass ich nie das Gefühl habe, zwischen den Fußgängern im hektischen Treiben verloren zu gehen.

Überall wird gehandelt und gestikuliert, gekauft und verworfen, der Perlenmarkt erscheint mir als ein überwältigendes Kommunikationszentrum mit menschlichem Antlitz.

Ich lerne erst mal zu handeln, ohne zu kaufen, und freue mich über die vielen sympathischen Gesichter, die mir in allen fünf Etagen dieses Marktes ein freundliches Lächeln schenken. Irgendwann kaufe ich dann für zehn Euro ein paar Sportschuhe und zwei Verkaufsstände weiter eine schwarze Markenjeans, die mich 15 Euro kostet, beides vermutlich viel zu viel, aber ich bin hier ja noch ein Anfänger und fürs Erste zufrieden mit dem Gekauften.

Als wir schließlich gegen 19 Uhr zurück im Hotel sind, finden wir noch Kraft und Lust, an den zahllosen Essständen unweit der Fußgängerzone vorbeizuspazieren, und Ham macht seinem offensichtlichen Heißhunger mit Kuhmagen, Schweinsfüßen und Ziegenkopf ein schnelles Ende. Ich darf beziehungsweise muss einen Happen vom Kuhmagen probieren, der zäh ist und an dem ich minutenlang herumkaue, bevor er endlich in meiner geduldigen Speiseröhre verschwindet.

Ham erklärt mir die vielen Vorzüge dieser Mahlzeit, aber nach den vorgestrigen Erfahrungen bin ich heute nicht mehr auf kulinarischer Erkundungstour und beschränke mich auf Reisnudeln mit Gemüse und Rindfleisch.

Sein spezielles Dinner-Menu scheint ihn müde gemacht zu haben, meinen chinesischen Freund, denn gleich nach dem Essen zieht es ihn zurück ins Hotel. „Noch ein bisschen lesen und beten und dann bald schlafen", sagt er zum Abschied, winkt mir kurz zu und schlendert zum großen Zebrastreifen, der schon geduldig auf ihn zu warten scheint.

Ich fühle mich noch ziemlich wach, viel zu wach für Hamlets kurzes Restprogramm, und der Entscheidung, noch ein paar Meter alleine durch den Abend zu spazieren, verdanke ich ein ziemlich seltenes Erlebnis.

„For 500 Yuan", sagt die vermutlich käufliche Dame zu einem dicken westlichen Freier in fließendem Englisch, „for 500 Yuan you can fuck a piece of my shoe."

Ich stehe kaum fünf Meter entfernt an einer Verkehrsampel und empfinde spontane Sympathie für die redegewandte Unbekannte. Als sich der Dicke beleidigt verzieht, lacht sie mir zu und fragt dann im Näherkommen: „What about the two of us?"

Noch bevor ich über uns beide genauer nachdenken kann, hat sie sich zielsicher auf meinen Schoß gesetzt, was mich an der immer noch roten Ampel zunächst mal ziemlich wehrlos macht.

Ihre Taktik scheint eindeutig, nicht erst als ich ihre Zunge an meinem linken Ohr spüre.

Doch dann lässt sie genauso unerwartet wieder von mir ab, eine vielleicht 25-jährige Frau in Jeans und einer ziemlich offenen roten Bluse, und ruft mir im Fortgehen zu: „Nice meeting you, sweetie, and see you again!"

Nur Sekunden später ist sie schon in der nur spärlich erleuchteten Straße verschwunden, während ich bei inzwischen längst grüner Ampel immer noch am Tatort stehe. Und spätestens jetzt bin ich auch der Meinung, dass diese sympathische Verrückte weit mehr als 500 Yuan verdient hätte.

Das darf einfach nicht selbstverständlich werden, dieses goldene Oktoberwetter von Peking, das an jedem Morgen wie ein wertvolles Geschenk über der Stadt liegt.

Es ist kurz vor sechs Uhr, als vor dem Hotelzimmerfenster das erste Licht eines neuen Tages am östlichen Horizont verströmt, leblos noch und fremd, ein Kunstlicht, ein Licht ohne sichtbare Quelle, so als hätte jemand in der Dunkelheit die Türe zu einem hell erleuchteten Zimmer geöffnet.

Nach einem ersten Kaffee habe ich endlich Zeit und Lust, ein schönes heißes Bad zu nehmen. Das Übersetzen vom Rollstuhl in die Badewanne und wieder zurück klappt prima, und ich kann Wasser und Wärme ausgiebig genießen.

Bei einem zweiten heißen Kaffee zappe ich noch mal durch die nationalen und internationalen Fernsehkanäle und lande schließlich bei *Deutsche Welle TV*. Hier werden gerade die Nachrichten gesendet, und ich sehe unter anderem eine Reportage über die Eröffnung der riesigen Autobahnbrücke nach Rügen, eine Vorschau zu den Wahlen in Polen und natürlich auch Fußball-Bundesliga vom Vortag. Die Bayern haben wieder gewonnen, Schalke in Rostock nur Unentschieden gespielt, die Tabellenspitze kennt scheinbar schon nach zehn Spieltagen den kommenden Meister, während Cottbus zu Hause gegen den Vorletzten verliert und einsam am Tabellenende bereits Sichtkontakt mit Liga 2 aufgenommen hat.

Als die Nachrichten von Werbung verdrängt werden, schaltet Hamlet auf einen chinesischen Sender um, der in einer Zusammenfassung von den kürzlich zu Ende gegangenen *Special Olympics* berichtet.

Die Bilder sind genauso beeindruckend wie die Informationen, die Ham mir in unregelmäßigen Abständen übersetzt. Fast 7500 Athleten aus 164 Nationen haben an diesen Spielen für Menschen mit geistiger Behinderung teilgenommen, und der Vorsitzende der *Special Olympics*-Organisation hat Shanghai und China für die „besten Spiele in der Geschichte der *Special Olympics*" gedankt. Für die große Abschlussveranstaltung im *Jiangwan Stadion* hatte man José Carreras und Kenny G. als Stargäste gewinnen können, und am Ende wurde die

Flagge der Spiele symbolisch an Athen weitergereicht, wo die nächsten *Special Olympics* im Sommer 2011 ausgetragen werden.

Unwillkürlich muss ich an die Sportler der irakischen Nationalmannschaft denken, die mir auf dem Flug von Dubai nach Shanghai begegnet sind und von denen mir einige im Vorbeigehen so freundlich die Hand geschüttelt haben.

„Wie schön", sagt Ham, als wüsste er, was ich gerade denke, „dass China sich selbst und der Welt einen besseren Umgang mit behinderten Menschen beizubringen versucht."

Gegen 12 Uhr haben wir genug ferngesehen und machen uns im Taxi auf den Weg zum Himmelsaltar, dem größten und bedeutendsten Altar in Peking.

Die Kulisse der immensen, meist in rot gehaltenen Gebäude ist beeindruckend, und über das Innenleben der verschiedenen Tempel, das für mich aufgrund zu vieler steiler Stufen unerreichbar bleibt, wird mir von Ham ausführlich berichtet.

Vorbei an zahllosen Schach- und vor allem Kartenspielern spazieren wir in der frühen Nachmittagssonne durch den herbstlichen Park zum Osteingang, wo wir nach vielen ergebnislosen Winkereien endlich ein Taxi zu unserem zweiten heutigen Ziel finden.

Wir wollen beide noch einmal zurück zum *Pearl Market* in der *Silk Street*, um dort mit unseren übrig gebliebenen Yuan ein paar letzte wortreiche Schnäppchen zu machen.

Wie das schon klingt, *Perlenmarkt in der Seidenstraße*, eine exotische Andeutung, ein klangvolles Versprechen, man hofft auf ein Abenteuer in einer fremden Welt.

Und im Grunde ist es auch genau das, ein bestens inszeniertes „Abenteuer in einer fremden Welt".

Dieser Markt hat für mich, trotz seines mitunter großen Gedränges und trotz der ziemlich offensiven Kontaktaufnahme der meist sehr jungen Verkäufer und Verkäuferinnen, eine nie erwartete Anziehungskraft entwickelt, er ist zu einem der Orte dieser China-Reise geworden, die ich am intensivsten erlebt habe. Denn nie zuvor hatte ich in den vergangenen gut drei Wochen so viele facettenreiche direkte Kontakte mit den Einwohnern dieses großen Landes wie hier im *Pearl Market* von Peking.

Für viele der geschulten Verkäuferinnen bin ich nach dem gestrigen Besuch zu einem alten Bekannten geworden. „Hello friend, I remember you" oder „Hey, nice to see you again" sind freudige Begrüßungen, die ich sicher auch dem großen Wiedererkennungswert meines Rollstuhls zu verdanken habe. Ein besonders fürsorgliches Mädchen möchte wissen, warum ich im Rollstuhl sitze und wann ich wieder laufen könne. „In two months?", fragt mich die kleine Gui Hua, die an einem größeren Verkaufsstand über zahllose Uhren herrscht. „Nein", antworte ich ihr, „auch in zwei Monaten nicht. Das wird mein Leben lang so bleiben."

„Oh", sagt sie mit ehrlichem Bedauern und legt mir vorsichtig ihre Hand auf die Schulter. In diesem Moment spüre ich wieder einmal, wie direkt und persönlich Kontakte aufgrund des Rollstuhls oft werden.

Allerdings haben Gui Hua und ich nicht vergessen, dass wir uns eigentlich zum Uhrenhandel getroffen haben, und es fällt uns nicht schwer, den nötigen Rollenwechsel bald zu vollziehen.

Die ungeschriebenen Gesetze des Handelns sind im Perlenmarkt von Peking überall gleich, egal ob es sich um Uhren, um Kleidung, um Schmuck, Taschen oder Schuhe dreht.

„Special price for you" ist der gängige Einstieg in ein wortreiches Hin und Her, das am Ende fast immer ein getätigtes Geschäft und zwei von sich felsenfest überzeugte Gewinner zurücklässt.

Aus meiner gestrigen Erfahrung kenne ich Spielregeln und Procedere inzwischen ganz gut. Nach dem Eintippen eines völlig überzogenen Startpreises wird mir der kleine obligatorische Taschenrechner demonstrativ herübergereicht, und ich tippe artig mein Gegenangebot, das noch unter dem ohnehin sehr niedrigen, mir ungefähr bekannten Verkaufspreis liegt und dass bei einem Gegenüber jedes Mal für gut einstudiertes blankes Entsetzen sorgt.

So geht es dann eine Weile weiter, ich bleibe bei meinem ersten Angebot, während das Objekt der Begierde, heute ist es eine schwarze *Bulgari*-Uhr, immer preiswerter wird. Das ursprüngliche Angebot von Gui Hua über umgerechnet 400 Euro, auf das ich auf dem Taschenrechner mit 80 Yuan, also ungefähr mit 8 Euro geantwortet habe, liegt nach mehrminütigem Wortwechsel inzwischen bei 50 Euro. Nach weiterem zähem Ringen in einer noch namenlosen internationalen Sprache stehen sich schließlich immer noch unvereinbare 25 und 10 Euro gegenüber.

Tief enttäuscht, so gibt es das ungeschriebene Drehbuch vor, räume ich also das Feld und rolle weiter an der langen Reihe von Uhren-Verkaufsständen vorbei, als mich Gui Huas vertraute Stimme mit „180 Yuan, last offer for you" zurückruft.

Längst ist uns beiden klar, dass wir unseren Handel in Kürze mit 150 Yuan, also mit 15 Euro für die vor wenigen Minuten noch gut 400 Euro teuere *Bulgari*-Uhr abschließen werden.

Es folgt, wir beherrschen unser Rollenspiel, Barzahlung und Uhrenübergabe mit ernstem Gesicht, dann Händeschütteln unter Handelspartnern und komplizenhaftes Lächeln.

Die Abschlussszene ist im Kasten, wir sind beide zufrieden und zum Abschied winkt Gui Hua mir lange nach.

Erst viel später, als ich stolz mein neuerworbenes Schmuckstück am linken Handgelenk betrachte, fällt mir auf, dass mein Rollstuhl, abgesehen von Gui Huas kurzer Frage, im dichten Gedränge des Perlenmarktes von Peking überhaupt nicht vorgekommen ist. Und das ist doch mindestens genauso wertvoll, wie ein guter Abschluss beim Uhrenhandel.

Draußen vor dem großen Marktgebäude setze ich mich in eines der zahlreichen Cafés, die ihr Auftauchen in Peking der chinesischen Öffnung nach Westen verdanken. *Starbucks*, *Pizza Hut* oder *Kentucky Fried Chicken* sind für die zahlreichen Touristen hier vertraute Ziele, und ich habe Glück, auf einer Terrasse noch einen freien Platz zu finden.

Den gut gelaunten Mann, der mit seiner jungen Gefährtin in einem benachbarten Café Postkarten schreibt, glaube ich im ersten Eindruck zu kennen, obwohl ich ihn noch nie zuvor gesehen habe. Er hat das typische Gesicht eines deutschen Bundesbürgers, urlaubsbraun, mit Drei-Tage-Bart und lockerer Fönfrisur. Als er sein Bierglas zum Trinken hebt, glänzt nüchtern am Handgelenk die goldene Armbanduhr, und laut offensichtlichem Selbstverständnis ist er zur Zeit in den besten Jahren. Rund 50 Jahre alt mag er wohl sein, mein vermutlicher Landsmann, der mit seiner deutlich jüngeren Partnerin die letzten Momente in der Fremde genießt, im Gepäck vermutlich ein paar folkloristische Souvenirs für Familie und Freunde und eine beachtliche Anzahl von digitalen Filmen und Fotos für das hier in China preiswert erworbene neue Heimkino.

Als er wenig später auf dem Weg zur Toilette an meinem Tisch vorbeikommt, fällt ihm ein Stück Papier aus der Hosentasche und landet genau unter meinem Rollstuhl. Ich bücke mich herunter und krame ein Flugticket hervor, das in drei großen Buchstaben vom KLM-Logo geziert wird.

„Thanks a lot", sagt er mit niederländischem Akzent und nickt mir kurz zu.

„Alstublieft", entgegne ich spontan, vermutlich mit deutschem Akzent, aber als gebürtiger Niederrheiner zumindest in Floskeln mit der Sprache des unmittelbar angrenzenden westlichen Nachbarlandes vertraut. Sein überraschtes Lächeln im Weitergehen ist gleichzeitig fast vertrauensvoll und brüderlich, und mich wundert wieder einmal, wie sehr doch selbst kleine Gemeinsamkeiten in der Fremde miteinander verbinden können.

Nach so viel internationalem Ambiente möchte ich diesen Tag gerne im echten, im ursprünglichen China beenden und überlasse dem Taxifahrer, der Gott-sei-Dank ein paar Worte Englisch spricht, die Wahl irgendeines Hutongs im Zentrum von Peking.

Am frühen Abend liegt die Hauptstadt nun ruhig atmend unter einem weiten Herbsthimmel und wartet geduldig auf die heraufziehende Nacht, die sie nach den Mühen des Tages empfängt wie eine friedliche Versöhnung.

In dem von meinem Chauffeur ausgewählten Hutong nahe des *Tian'anmen* spielen ein paar Seilchensprünge entfernt einige kleine Kinder Gummitwist und zeigen mit ihrem hellen freudigen Lachen, wie wenig es zum Glücklichsein braucht.

Dabei hat die jüngere Hälfte eines Schwesternpaares, mit langen schwarzen zu einem Pferdeschwanz zusammengebundenen Haaren, offenbar Interesse gefunden an dem Fremden mit dem Rollstuhl, der gegenüber vor einer kleinen Bar in einer Zeitung blättert, und lächelt in regelmäßigen Abständen zu mir herüber.

Wann immer ich während des Zeitunglesens aufschaue, blicke ich mitten hinein in diese dunklen großen Kinderaugen, für die es auch im Alltag noch so viel Neues zu entdecken gibt.

Natürlich spürt auch die kleine Chinesin den antwortenden Blick meiner Augen, und alles, was sie in der Folge tut, wirkt wie eine kleine Theaterinszenierung eigens für mich.

Ihre Posen und Bewegungen, etwa wenn sie verträumt an der Wand lehnt, Blick in die Ferne, dann wieder zu mir herüber, sind von einer selbstverständlichen, reifen Routine, die ihr Kindesalter eigentlich noch gar nicht zulassen dürfte.

Zwischendurch, wenn sie den Fremden und damit ihre Rolle für Augenblicke vergisst, wandelt sie sich wieder zum Kind, das balgt und zankt und tanzt und lacht, das alles bis zum nächsten Augenkontakt, der sie schnell wieder zur eleganten Lady werden lässt.

Als es endgültig dunkel geworden ist, will die ältere Schwester, ein etwas kräftigeres, nicht weniger hübsches Mädchen, wahrscheinlich elterlicher Anweisung folgend, nach Hause gehen.

Die anschließenden Szenen familiärer Vertrautheit sind regelrechte Klassiker einer Schwesternbeziehung. Während die Ältere, nun auch mit verstärktem Blickkontakt zu mir, die Rolle der Verantwortungsvollen teils drohend, teils bittend oder resignierend spielt, lässt sich die Kleine in der Rolle der Trotzig-Motzig-Unvernünftigen durch nichts, aber auch gar nichts dazu bewegen, auch nur einen einzigen Meter in Richtung Nachhause zu gehen.

Theatergerecht klammert sie sich zur Verdeutlichung ihres Seelenkonfliktes an eine alte im Boden verankerte Gerüststange – eine Haltung, in der sie allen schwesterlichen Bitten und Drohungen zum Trotz beharrlich verweilt.

Als ich mich kurz darauf auf den Weg zu einem nahegelegenen Taxi-Stand mache, folgen mir die beiden, zunächst zögernd, dann fröhlich nebenher hüpfend, bis an das Ende der Gasse, wo sie an einer spärlich erleuchteten Holzbank nebeneinander stehen bleiben.

„Dsai djiän", rufe ich ihnen zu, „Auf Wiedersehen", und sie winken glücklich lachend zurück, die beiden namenlosen Mädchen aus Peking, bevor sie sich schnell umdrehen und Hand in Hand in der dunklen Gasse verschwinden.

Der freundliche Fahrer, der am Taxi-Stand am ersten von vier wartenden VW-Santanas lehnt, entziffert meinen kleinen Zettel, auf dem Hamlet in chinesischen Schriftzeichen die *Wangfujing dajie*, die große Fußgängerzone in der Nähe unseres Hotels notiert hat. Mit internationaler Zeichensprache gelingt es uns dann sogar, den Rollstuhl in seinem Wagen unterzubringen, so dass ich wenige Taximinuten später schon wieder in vertrauter Umgebung bin.

Die breite Fußgängerzone ist an diesem Abend fast menschenleer, ab und zu eine kleine Gruppe vermutlich auf Bar- und Discothekenrundgang, vor dem Schaufenster eines Uhrengeschäftes taumeln zwei Betrunkene im üblichen Streitgespräch, aus einem kleinen Supermarkt scheppert westliche Musik, drinnen an der Kasse sitzt ein älterer Herr und starrt unbeweglich auf ein kleines Fernsehgerät oben links in der Ecke, irgendein chinesischer Zeichentrickfilm vertreibt ihm gerade sein Leben.

Ein näherkommendes Taxi erhupt sich meine Aufmerksamkeit, aber ich winke ab, ich will kein Taxi. Ich habe Peking vor wenigen Tagen im Rollstuhl kennengelernt, und genau so, in meinem Rollstuhl, will ich mich nun auch von dieser Stadt verabschieden. Ich möchte einfach nur diese wertvolle Gegenwart genießen, die sich um mich herum bewegt und die so lebendig ist. Ich weiß und bin dankbar dafür, dass ich ein Teil dieser Gegenwart sein darf, dass ich dazugehöre, zu dieser Nacht in Peking, und momentelang sehe ich mich von außen.

Denn der europäisch gekleidete junge Mann, der in der breiten Fußgängerzone in seinem Rollstuhl an einem großen Brunnen verweilt und den ich schon seit einiger Zeit aus den Augenwinkeln heraus beobachte, ist, auch wenn es im ersten Moment unglaublich klingen mag, niemand anders als ich selbst.

Hin und wieder nimmt er die englischsprachige chinesische Tageszeitung *China Daily* zur Hand, blättert und liest mit zahlreichen Pausen, die er füllt, indem er sieht, was er im Moment sehen will: Pekinger Nachtleben, Tradition und Moderne, eine Gruppe von Männern in dunkler Abendgarderobe, den schlafenden Hund unter einer alten Holzbank, die jungen lachenden Frauen in Jeans und T-Shirt, die chinesische Coca-Cola-Reklame an einer alten Hauswand.

Aus der Distanz betrachtet, wirkt er ruhig und gelassen, geradezu froh um die Nicht-Präsenz der eigenen Person, der sein

Interesse nun nicht gelten muss. So glaubt er vermutlich, während ich, der ich ihn wenn auch nur von außen sehe, felsenfest überzeugt bin: Das alles gibt es nur, weil er dort sitzt, an diesem großen Brunnen in der Fußgängerzone, in seinen schwarzen Jeans und dem ehemals weißen Hemd mit dem hellbraunen Kaffeefleck am linken Ärmel, weil er dort sitzt, in diesem Augenblick und in dieser offenbar glücklichen Stimmung, die ihn gelassen macht, entspannt und glücklich, wie gesagt, und die allein seine Umgebung bestimmt als den Teil der Wirklichkeit, den zu erfassen er hier und jetzt fähig ist.

So sind die Regeln in meinem kleinen seit vielen Jahren eingeübten Rollenspiel, und mit einem Lächeln bin ich wieder ich, zurück aus der beobachtenden Distanz, und ich verspreche mir hoch und heilig, von nun an für den Rest dieser Reise ganz und gar in mir zu bleiben.

Nicht eine einzige Wolke ist am Himmel zu sehen, als ich gegen 8 Uhr in unserem großen Hotelschlafzimmer aufwache und aus dem 15. Stock auf das längst schon betriebsame Peking blicke.

Heute von der Sonne geweckt zu werden, ist umso schöner, als mit ihrem Aufgehen der letzte Tag vor unserem Rückflug nach Hause begonnen hat. Aber nicht nur deshalb ist es ein ganz besonderer Tag auf dieser Reise. Denn in wenigen Stunden, so jedenfalls ist es hoffnungsfroh geplant, werde ich mit Hams Hilfe im Rollstuhl ganz oben auf der Chinesischen Mauer sein.

Vorher aber besuchen wir noch einen der zahlreichen Freiluftmärkte, auf denen es von Obst und Gemüse über Fleisch und Fisch bis hin zu Kleidung, Schuhen und Elektronik fast alles zu kaufen gibt. Und das zu Preisen, die für uns wohlhabende Mitteleuropäer teilweise kaum zu glauben sind.

Die bunten Früchte, die in unserer Einkaufstasche Platz finden, sind durchweg exotisch, und ich kann keine einzige davon mit Namen benennen. Ham dagegen kennt sie alle, allerdings nur auf Englisch, so dass für mich *Persimmons, Mangostines* oder *Dragon Fruits* auch weiterhin ein Geheimnis bleiben.

Gegen 12.30 Uhr nehmen wir ein Taxi zurück zum Hotel, und nach einer kurzen Mittagspause machen wir uns in demselben Taxi auf den Weg zum heimlichen Höhepunkt dieser China-Reise, auf den Weg zur *Großen Mauer*, nach Mutianyu, einem der möglichen Aufstiegsorte rund 70 Kilometer nördlich von Peking.

Nachdem wir mehrere kleine Vororte der Hauptstadt durchfahren haben, erreichen wir bald die modern ausgebaute Autobahn, die uns in weniger als einer Stunde zu unserem Ziel führt. In der reizlosen Ebene links und rechts der Fahrbahn ist nichts, was den Blick ablenken könnte von dem gewaltigen Panorama des vor uns liegenden Hochgebirges, dessen Silhouette mich an die Fahrt auf der A95 von München nach Garmisch-Partenkirchen erinnert.

Auf der Autobahn werden wir regelmäßig von leuchtend gelben Straßenschildern zu besseren Menschen erzogen. In chinesischen und lateinischen Schriftzeichen säumen *No littering, Don't drink and drive, Don't use cell phones while driving* oder *Don't drive when tired* unseren Weg in das nördliche Gebirge.

Als wir uns auf einer schmalen Landstraße der Sessellift-Anlage in Mutianyu bis auf wenige Kilometer genähert haben, können wir aus dem offenen Autofenster die ersten kleineren Abschnitte der *Großen Mauer* sehen. Ich merke, wie ich ganz langsam nervös werde, und versuche wieder ganz bewusst, diese aufregende und vielversprechende Gegenwart mit aller Kraft wahrzunehmen und zu genießen.

Unser Taxi bleibt auf dem großen Parkplatz zurück, während Ham mich, vorbei an den unvermeidlichen Souvenirläden, auf der unwegsamen schlaglochreichen Straße bis zur Sessellift-Anlage hinaufschiebt.

Spätestens hier wird es nun schwierig, da von den blau uniformierten Beamten am Eingang kein Rollstuhl akzeptiert wird. Hamlet, das spüre ich auch, ohne das chinesische Hin und Her zu verstehen, kämpft gerade *den* Kampf dieser Reise. Sein Tonfall ist in ständigem Wechsel mal bestimmend und autoritär, mal bittend und sogar flehend, und irgendwann erreicht er immerhin, dass der Wichtigste unter diesen linientreuen Beamten, die für uns sozusagen eine erste chinesische Mauer bilden, dass also dieser wichtige Beamte in blauem Hemd und blauer Hose irgendeinen Noch-Wichtigeren beim Kulturministerium anruft.

Und als wir eigentlich schon nicht mehr damit rechnen, endet das intensive Handy-Gespräch mit einem kurzen Nicken, gefolgt von zwei kurzen Sätzen zu Ham, der nun seinerseits strahlt, *Sensationssymphonie* murmelt und mir nichts mehr übersetzen muss. Wir dürfen also tatsächlich hinauf zu dieser herrlichen Sesselbahn, die uns bis nach oben auf die *Große Mauer* bringt.

Die beiden inzwischen sehr wohlwollenden Beamten helfen uns sogar über die letzten drei größeren Steintreppen hinauf bis zur Anlage. Oben angekommen muss Ham dann noch den vorübergehenden Halt der Sesselbahn durchsetzen, da es natürlich unmöglich wäre, mich in einen fahrenden Sessel zu heben.

Als uns nach erneutem chinesischen Wortgefecht auch dieser Wunsch erfüllt wird, kann die Anlage gestoppt werden. Ham setzt mich im folgenden Sessel auf mein Sitzkissen und nimmt dann neben mir Platz, während der Rollstuhl von einem der hilfreichen Beamten im Sessel unmittelbar vor uns nach oben transportiert wird.

Die Anlage springt wieder an, und auf der kurzen, vielleicht vierminütigen Strecke ganz nach oben zur Mauer tut sich im goldenen Nachmittagslicht unter uns eine Landschaft auf, die ich am liebsten auf der Festplatte meines Gehirns für immer speichern würde.

Als wir, verzaubert von dieser gewaltigen Natur, an der oberen Station ankommen, wird die Anlage noch einmal für uns angehalten, und ich werde von Ham, unter ungefragter Mithilfe dreier Angestellter in blauer Mechaniker-Uniform, wieder in meinen Rollstuhl gesetzt.

Einer der Mechaniker zeigt mir mit raschen Handzeichen, dass bis ganz nach oben auf die Mauer noch ein letzter steiler Weg zurückzulegen ist. Und dann hockt er sich einfach vor meinen Rollstuhl, legt meine Arme um seinen Hals und hebt mich mit festen Griffen auf seinen Rücken. Offenbar weiß er, was ich nicht weiß, dass nämlich die letzten Höhenmeter bis nach ganz oben im Rollstuhl auf keinen Fall zu bewältigen wären.

Über Stock und Stein trägt mich der stämmige kleine Mann gut fünfzig Meter auf seinem starken Rücken, bis zu einer engen schmalen Treppe, die dann über die letzten circa acht Höhenmeter hinauf auf die Mauer-Plattform führt.

Von Stufe zu Stufe kann ich sein rhythmisches Keuchen hören und sehe meine Beine über die Stufen baumeln. In grundlosem Vertrauen halte ich mich fest an seinem starken Hals, und dann bleibt er plötzlich stehen, und ich weiß, dass wir endlich ganz oben sind.

Schwer atmend setzt mich der namenlose Mann in meinen Rollstuhl, den einer seiner Kollegen hinaufgetragen hat, und mit einem langen festen Händedruck zeige ich ihm meine große Dankbarkeit. Er schenkt mir ein langes breites Lächeln und nennt mich mehrmals laut „my friend", bevor er sich mit dem Kollegen über die schmale Treppe auf den Rückweg zur Seilbahn macht.

Im warmen Licht der Abendsonne steht Ham schweigend neben mir und wirkt fast verloren in diesem mächtigen Monument der Weltgeschichte.

Ich blicke mich um und spüre, wie mich die *Große Mauer* gefangen nimmt mit ihrer mächtigen Präsenz. Wie ein undurchtrennbarer rotbrauner Faden zieht sie sich durch die gebirgige Landschaft, und der wolkenlose Himmel über uns gibt sich melancholisch mit seinem großen, weiten Horizont.

Auf diesen Augenblick habe ich so lange gewartet, mir ihn unzählige Male vorzustellen versucht, ihn mit offenen und geschlossenen Augen geträumt, ganz oben auf der Chinesischen Mauer zu sein. Und jetzt?

Ich bin wie benommen, ein Gefühl füllt mich ganz aus, das hier ist Glück, Glück in der Gegenwart, endlich und plötzlich so einfach, ich fühle die Nähe meiner geliebten Eltern, die in mir und mit mir weiterleben, ich weiß um die Vergänglichkeit dieser wertvollen Momente und höre auf zu denken, versuche, nur noch hier zu sein, ganz und gar hier, oben auf der *Großen Mauer*, wie auf einem fernen Planeten, ich habe es tatsächlich geschafft, ich habe das fast Unerreichbare erreicht, und ich bin einfach da, ganz da in dieser wunderbaren Gegenwart, die mir trotz des Rollstuhls – oder besser, die mir MIT dem Rollstuhl geschenkt wird.

Der Sonnenuntergang ist gigantisch, er nimmt den Blick gefangen und lässt ihn nicht mehr los, die Sonne lächelt mir zu, als wüsste sie genau, wie viel mir diese Momente bedeuten, ich sehe einen runden rotgoldenen Ball, der wie in Zeitlupe hinter den tiefschwarzen Bergkuppen verschwindet und ein warmes Echo zurücklässt.

Die Sichel des zunehmenden Mondes zeigt sich im bronzenen Kleid und schaut mit mir zu, wie die Dämmerung Himmel und Erde teilt.

Und plötzlich ist auch ein Gedicht von Rilke da, das vor allem meine Mutter so sehr geliebt hat, und ich höre die sonore Stimme meines Vaters, als er es ihr vorträgt.

„Der Abend wechselt langsam die Gewänder, die ihm ein Rand von alten Bäumen hält. Du schaust und von dir scheiden sich die Länder, ein himmelfahrendes und eins das fällt ..."

Ich fühle und höre und sehe das alles wie in einem Traum, der mich trägt, wohin ich will. Aber ich träume nicht. Das hier ist wirklich wahr, wir haben es geschafft, ganz oben auf der Mauer zu sein, und die Hilfe, um die wir bitten mussten und die uns zuteil wurde, hat alle Bremsen der Behinderung gelöst.

Mein starker Helfer hat mich nicht vergessen, er kommt eilig zu mir, lächelt und drückt mir die Hand, geht vor meinem Rollstuhl wieder in die Knie und nimmt mich, schon routinierter als beim ersten Mal, auf seinen Rücken.

So unglaublich das alles auch klingen mag, was hier in der vergangenen Stunde geschehen ist, es ist wirklich wahr, ich muss es mir selber immer wieder sagen, ich bin tatsächlich auf der *Großen Mauer* und werde gerade von einem kräftigen kleinen Chinesen hinunter bis zur oberen Sesselbahnstation getragen.

Der Rest des Abstiegs ist dann fast schon Routine.

Hamlet schwebt neben mir auf einer eigenen Wolke zurück zu unserem Taxi, das wir mit fast schon selbstverständlicher Hilfe mehrerer Angestellter der Sesselbahn wenig später erreichen.

„Leben gefällt mir", höre ich Ham auf dem Rücksitz wieder zu sich selber sagen, und ich verstehe, dass hier jetzt kein Platz mehr für seine *Sensationssymphonie* ist.

„So sieht es momentan über Südchina aus. Schnee, so weit das Auge reicht. Und Stau, sobald eine Straße ins Bild kommt."

Ich sitze zu Hause im Wohnzimmer bei einem späten Abendessen, als ich plötzlich die Stimme meiner Kollegin Diana Zimmermann höre, die im ZDF-Auslandsstudio in Peking arbeitet und gerade im *heute journal* von einer schweren Unwetterkatastrophe in Südchina berichtet.

„Die Verkehrswege sind blockiert. Zehntausende von Fahrern sitzen seit Tagen auf den Autobahnen fest und werden von kochenden Soldaten versorgt."

Die Bilder sind beeindruckend, und wie auf ein geheimes Zeichen stelle ich mein Essen beiseite und verfolge aufmerksam den Bericht, der Chinas schlimmstes Schneechaos seit 50 Jahren dokumentiert.

Wann immer China heute in meinem Alltag auftaucht, ob nun in den Nachrichtensendungen, ob bei uns in der Sportredaktion oder auch in der Regenbogenpresse, jedes Mal bin ich wieder hellwach und gespannt. Vor nicht allzu langer Zeit hat dieses Land während einer wunderschönen Reise meine Zuneigung gewonnen und damit natürlich auch mein Interesse, sobald es irgendwelche Neuigkeiten aus dem Reich der Mitte gibt.

Als zum Beispiel vor wenigen Tagen im chinesischen Kalender das Jahr des Schweins vom Jahr der Ratte abgelöst – und das einwöchige Neujahrsfest im ganzen Land mit viel Feuerwerk, mit Knallern und Raketen begangen wurde, habe ich das am Fernsehen fast intensiver miterlebt als unlängst noch unser eigenes deutsches Sylvester.

Die Nachricht über die redaktionelle Besetzung der sportlichen Großereignisse hat mich ungemein gefreut. Denn in wenigen Monaten werde ich wieder zurück in China sein, während der Paralympischen Sommerspiele, von denen wir im September mit größerem Aufwand denn je berichten werden. Und die große Vorfreude auf das Wiedersehen hat sich bei den ersten Vorbereitungen schon neben mich an den Büroschreibtisch gesetzt.

Zahllose chinesische Erinnerungen begleiten mich auch heute noch durch mein alltägliches Leben und sie schenken mir jedes Mal wieder viel Kraft und Energie, wenn neue private oder berufliche Herausforderungen auftauchen. Zwar sind meine schwere Behinderung und meine vermutlich nicht zu heilenden Phantomschmerzen auch weiterhin feste Bestandteile meines Lebens, doch hat sich an ihre Seite ein Vertrauen und eine große Zuversicht gesellt, eine seit dem Unfall nicht mehr gekannte Lust auf Neues.

Oft noch sehe ich viele Gesichter dieser China-Reise vor mir, und mit Abstand am häufigsten muss ich dabei an die kleine Gui Hua, meine geschäftstüchtige Uhrenverkäuferin vom *Pearl Market*, denken, und zwar Tag für Tag, jeden Morgen gleich nach dem Aufwachen. Denn dann stelle ich beim kurzen Vergleich mit dem Radiowecker auf dem Nachttisch jedes Mal fest, dass meine schöne *Bulgari*-Uhr auch in den letzten 24 Stunden wieder ein paar chinesische Minuten vorgegangen ist.

Klar, irgendwann würden sie kommen, diese letzten Momente einer langen Reise, und ich spüre ein eigenartiges Gefühl, so etwas wie Vorfreude auf Zukunft, gleichzeitig aber auch Trauer über etwas unweigerlich Endendes, Gefühlsmischmasch eben, chinesisch-deutsch. Die letzten Lichter von Mutianyu, der kleinen Stadt an der *Großen Mauer*, sind hinter uns im Rückspiegel längst verschwunden. Es ist, als ob sie zu Sternen geworden wären, zu Hunderten von kleinen blinkenden Sternen, die sich gleichmäßig über die weite Wölbung des nächtlichen Himmels verteilen und nun unsere Rückreise nach Peking begleiten.

Die Sichel des Mondes schaut silbern und neugierig hinter wallenden Wolkenvorhängen hervor, die eine fremde Hand mit unsichtbarer Gebärde vor ihr auf- und zuzieht. Fast andächtig sitze ich vorne auf dem Beifahrersitz, und, versunken in Neu-Gewonnenes, fühle ich durch das alles hindurch, was ich in den vergangenen Tagen und Wochen meines ersten chinesischen Herbstes gewonnen habe: Trotzdem China.

Der überwältigende Sonnenaufgang auf dem Huangshan, die liebe junge Masseurin in Guilin, die blinde Greisin auf dem Treppenabsatz, der sympathische Herr Zhao in Suzhou, mein kleiner ABC-Chinese und der Literatur-Dozent aus Chongqing, die unvergessliche Bootsfahrt auf dem Li-Fluss, und gestern abend die beiden kleinen Schwestern in dem Hutong von Peking ...

Fast andächtig lebe ich in dieser kostbaren Erinnerung und auf einmal fühle ich die Sonne in mir, die helle goldene Sonne, die nicht untergehen will – und ich spüre die Zeit, diese so ungeheuer schnell vergehende Zeit, die ich hier in China oft festzuhalten versucht habe, und auf deren unvergesslichen Stunden, Tagen und Wochen ich vielleicht ein bewussteres und helleres Leben aufbauen kann.

Von Tag zu Tag ist der Rollstuhl hier immer mehr aus meinem Bewusstsein gewichen, denn die Anforderungen der Reise und ihre Bewältigung haben mich völlig gefangengenommen. Ich bin in meinem Selbstverständnis, vereinfacht gesagt, vom Rollstuhlfahrer zum Reisenden geworden.

Und in diesem Moment ist es für mich fast wie eine Bestätigung, zu spüren, dass das ferne China, das wir in den vergangenen drei Wochen in seiner unglaublichen Vielfalt, in seinen Widersprüchen und in seiner kraftvollen Substanz kennenlernen durften, dass dieses China in meinem Kopf und in meinem Herzen zu einem vertrauten nahen Nachbarland geworden ist. Ich habe mich hier Tag für Tag stets wohlgefühlt, als Rollstuhlfahrer und als Mensch.

Welch größeres Kompliment könnte ich einem Land nach dem ersten Kennenlernen machen ...?!

Während Ham am Morgen der Abreise bei unserem letzten Hotelfrühstück in einem kleinen Stapel seiner Rückreiseunterlagen blättert, habe ich mich mit einem heißen Kaffee an das große Panoramafenster gestellt. Die Hauptstadt erwacht langsam im warmen Licht des frühen Morgens, doch es ist nicht Peking, das ich sehe. Das Bild vor meinen Augen ist hell und klar und stärker als alles andere. Noch einmal sehe ich die goldene untergehende Sonne vor mir, spüre noch einmal ihre Wärme und ihr zögerndes Gehen, und als ich Hamlet davon erzähle, dass ich mich oben auf der Mauer fast eins mit ihr gefühlt habe, nickt er nur beiläufig, so als wäre das die normalste Sache der Welt.

Für dich vielleicht, mein lieber Chinese, denke ich glücklich.

Aber für mich war es einer der schönsten und wertvollsten Momente, die ich je erlebt habe.

Alicante und Mainz, im Winter 2007/08

Dank

Am Ende eines Buches, das mir sehr viel bedeutet, möchte ich auf keinen Fall versäumen, einigen Menschen ganz herzlich zu danken.

Meinem Kollegen und Freund Norbert König – für sein stets offenes Ohr und für sein kritisches Gegenlesen des „Trotzdem China"-Manuskripts bis in die frühen Morgenstunden.

Meinen Paten Anni und Willi Völker – für ihre liebevolle Anteilnahme an diesem Buch und für ihr aufrichtiges Interesse beim Lesen vieler gerade erst geschriebener Seiten.

Meiner langjährigen Freundin Beate, die trotz zweier kleiner Kinder immer wieder Zeit für mich und für die Gestaltung unserer Website „Trotzdem China" fand.

Meiner Tante Hanni Bergmann, die mir in zahllosen Telefonaten mit ihrer positiven Ausstrahlung immer wieder Kraft und Energie schenkte.

Meinem ‚Entdecker' Herrn Dr. Walter – für sein Mutmachen und für sein Vertrauen.

Meinem Freund Ham, der auf ganz bewundernswerte Weise dazu beigetragen hat, dass dieses Buch geschrieben werden konnte.

Und Danke auch an Irania, an Nils, an Irene, an Helen und Frank – fürs Zuhören und fürs Dasein in wichtigen Momenten.

Danke.

Man sagt das so einfach. Und es bedeutet mir doch so viel.

Von einem, der sich entschied, einen anderen Weg zu gehen

Bruder Longinus Beha
Ab morgen Mönch
Ein Afghanistansoldat
geht ins Kloster
224 Seiten | Paperback
ISBN 978-3-451-06318-3

In Afghanistan ändert sich alles: Der Bundeswehrsoldat Frank Beha beschließt, ins Kloster zu gehen. Packend erzählt er seinen Lebensweg, der auf dem einsam gelegenen Bauernhof im Schwarzwald beginnt, bis ins hintere Asien und schließlich in das Benediktinerkloster Beuron an der Donau führt.

In jeder Buchhandlung

HERDER
Lesen ist Leben

www.herder.de